*Joseph Rock's Exploration
in Western China*

A LONELY JOURNEY

Acer Pentaphyllum July-August, 1929

· EX · LIBRIS ·

约瑟夫·洛克
中国西部的探险经历

和匠宇 著

孤独之旅

A LONELY JOURNEY

Joseph Rock's Exploration
in Western China

中国书籍出版社
China Book Press

图书在版编目（CIP）数据

孤独之旅：约瑟夫·洛克中国西部的探险经历 / 和匠宇著. -- 北京：中国书籍出版社，2024.10.（2025.9重印）
ISBN 978-7-5068-9974-1

Ⅰ. K837.125.89
中国国家版本馆CIP数据核字第2024S2S004号

孤独之旅：约瑟夫·洛克中国西部的探险经历

和匠宇 著

图书策划	孟怡平
责任编辑	王 淼
责任印制	孙马飞 马 芝
装帧设计	朱星海
封底插画	木辰溪
出版发行	中国书籍出版社
地　　址	北京市丰台区三路居路97号（邮编：100073）
电　　话	（010）52257143（总编室）　　（010）52257140（发行部）
电子邮箱	eo@chinabp.com.cn
经　　销	全国新华书店
印　　厂	三河市富华印刷包装有限公司
开　　本	880毫米×1230毫米　1/32
印　　张	11.875
字　　数	235千字
版　　次	2024年10月第1版　2025年9月第2次印刷
印　　数	5,001-7,000册
书　　号	978-7-5068-9974-1
定　　价	59.00元

版权所有 翻印必究

序言

本书的最初出版,是作为《发现云南》丛书中的一部在2000年出版的。当时写作此书的时候,还没有机会直接去国外旅行并收集更详尽的材料,不免留下了一些遗憾。此书在出版了24年以后,由中国书籍出版社再版。对于笔者而言,这也是一个极好的机会,可以将此书第一版之后在美国、意大利、奥地利所收集到的更多材料补充进去,使得内容更为丰富。

洛克在中国西部探险和生活岁月集中在1922年到1949年,断断续续一共有27年。洛克的人生故事是一个典型的"生活在别处"的故事,它的感人之处正如美国作家梭罗所言:"一个人若生活在远方,那他一定是努力地生活和诚恳地生活了。"如今,洛克当年游历过的中国西部民族走廊早已成为中国民族文化资源的一部分,而洛克去采集植物的云南"三江并流"区域和黄河上游更是全世界生物多样性最丰富的资源地之一。

在那个网络还不发达的时代,为了寻找为数不多的且还在世的与洛克曾经有交集的人员,还是一件比较困难的事。现存的一份通信记录了当时的交流情况。

Mr. He Jiangyu:

I have just finished the last of the Yunnan tea which you had Mr.Sutherland deliver to me last October. It is one of the best green teas which I have tasted, and does not seem to be readily available in the United States, at least in Honolulu.If Mr. Sutherland is looking for other potential wares to export to the United States, he might consider Yunnan tea.

What a pity is that never have the people form Lijiang visited Hawaii, hope in the future will create more connections.If you ever come to Honolulu, let me know. I can show you some of the sites associated with Dr. Rock's life and introduce you to some of his collegues, including Paul Weissich, who supervised the completion and publication of *the Nakhi dictionary* after Dr. Rock's death, and Alvin Choke, who wrote the biography of Dr. Rock which I asked Mr. Sutherland to deliver to you.

Alvin Y. Yoshinaga
Center for Conservation Research and Training

序言

和匠宇先生：

我刚刚用完了云南茶叶，那是你去年十月请 Sutherland 先生带来给我的。这是我品尝过的最好的绿茶之一，看来在美国实在是难以得到这种好茶，至少在檀香山是难以得到的。如果 Sutherland 先生（一个来往于中美的纺织品商人）正在寻求出口美国的潜在商品的话，他应该考虑一下云南茶。

遗憾的是，从来没有丽江方面的人来过夏威夷，希望有一天能有联系。如果你想要来檀香山的话，让我得知一下。我会带你去看与洛克博士有关的许多遗址，并向你介绍他的一些在世的同事，如 Paul Weissich，他曾在洛克博士逝世后监督完成了《纳西百科词典》的出版，还有 Alvin Choke，他写了洛克的传记，我请 Sutherland 先生带了一份给你。

阿尔文　2003年2月10日
遗产保护研究与培训中心

注：Paul Weissich 曾任夏威夷博物馆馆长，洛克博士的遗嘱执行人

Alvin Choke 曾任夏威夷自然博物馆馆长

转眼间 24 年过去了，与洛克共过事的同事和遗嘱执行人都已过世，但他们给我们留下的记录让我们能详细地了解过去的历史。2003 年，我在华盛顿大学做访问学者时，时任人类学系主任的郝瑞组织各国学者共同撰写了 The Scientists and Explores in the West of China 一书（华盛顿大学出版社出版），我曾负责洛克在中国的部分。时任夏威夷种子银行主任的 Alvin Yoshinaga 则介绍了洛克在夏威夷从事植物采集的情况。Alvin Choke 在 1963 年还写过一份洛克小传，这是第一份正式介绍洛克的文章。

洛克在植物学的采集和研究方面成就斐然，但大多不为人所知，他在 1921 年发表的《夏威夷本土植物》一书，至今已经再版 4 次，是研究太平洋周边植物的必读教科书。还有大量的未发表的田野笔记，还静静地搁置在英国爱丁堡植物园，如记载了上千个杜鹃物种的《杜鹃笔记》。20 世纪新发现的植物中，以他名字命名和相关的有 160 种，比如丽江发现的重要种属"洛克苹果"（Apple rockii），还有在甘肃卓尼发现的后来风靡欧洲的洛克牡丹（Paeonia rockii），以及他在四川发现采集的现在已经成为濒危物种的五小叶槭，等等。值得一提的是，他还发现了纳西族用古老的象形文字来记录和辨识动植物，这个发现引发了他后来基本放弃了植物学研究而转向纳西族的文化研究。

他探索了中国西部当时那些难以到达的边远地区，写下大量的文章，拍摄了众多的照片，把遥远的西部展现给了世界。这些材料给作家们提供了广阔的想象空间。其中，从来没有到过中国的英国作家希尔顿1932年出版了一本时空穿越的科幻小说《消失的地平线》，根据这些中国西部的地理环境人为杜撰出一个理想国和新名词"香格里拉"。在云南以"香格里拉"命名的香格里拉县、四川的香格里拉镇，都与洛克的探险历程分不开。洛克热爱西部，也受到了这些地区的认可和热爱。前些年非常热门的木里到稻城的徒步线，被冠名为"洛克800里小道"；雪山下的宿营地也被冠名为"洛克小镇"；2024年最热门的自驾线路，是甘肃、青海的"洛克之路"。可见，洛克对西部的影响至今犹在。

在意大利东方研究所的资助和支持下，洛克用他收集传播到世界各地的8000多本象形字经书资料，编辑了《纳西语英语百科全书》，使当时濒于灭绝的象形文字得以焕发生机。同时，由于他出版的另外两部研究专著（"罗马东方丛书"）：《阿尼玛卿山及其周边地区》《纳西族的纳加崇拜及其有关仪式》，使得他在人文学界名声显赫。他在美国《国家地理》杂志上发表了十多篇文章，并且于1946年在哈佛大学出版社出版了《中国西南的古纳西王国》，介绍了当时闭塞的中国西部。

本书的主要内容在上世纪90年代中期由和匠宇署名在云南的一家地方报纸上连载发表，当时被"发现云南"丛书主编汤世杰先生选入系列出版成书。和锊宇当时在波士顿，查阅和整理了大量的馆藏资料，没有他的努力，《孤独之旅》是很难成书的。第一版的署名是和匠宇、和锊宇二人，这次再版修订时，和锊宇一再坚持不再署名，作为哥哥，只有尊重他的选择。

　　洛克的大部分日记现藏于英国爱丁堡皇家植物园档案中心。但是他1925年至1927年在甘肃、青海的考察日记，则藏于哈佛大学阿诺德植物园图书馆。洛克出版或未出版的日记、照片资料，都可以在相关机构很容易地查到。

作者　2024年5月

目录

001　序言

001　梦中的维也纳

028　彩云之南

099　神秘而古远的纳西王国

128　人文视野中的三江之旅

169　黄喇嘛之地木里

202　特立独行的孤独者和探险家

223　泸沽湖畔的梦幻

248　遥远的阿尼玛卿山

320　世界上没有宁静的土地

335　永远的流浪

359　附录1　约瑟夫·洛克生平年表

363　附录2　约瑟夫·洛克主要文章与著作目录

365　后记

梦中的维也纳

几十年前的一个夜晚,银色的月光静静地洒在玉龙山那冰冷的雪峰上,高原的夜空渗透着清澈的寒意。在玉龙山脚下一个古老的纳西村庄里,一串串奇妙的音符从百年老屋的窗口欢快地流淌出来,还不时伴有嘹亮亢奋的歌声。对于村民来说,华尔兹、交响曲同约翰·施特劳斯、弗兰兹·舒伯特、瓦格纳、贝多芬的名字一样的拗口和抽象,这种来自梦幻的声音是那么朦胧和飘浮不定,同播放它的人一样不可思议。

在雪嵩村里,"洋博士"洛克的来或去永远是一个谜,没有人知道他的过去,也没有人知道他的未来,只有一件事情至今让人们记忆犹新,那就是音乐对他来说与吃饭穿衣一样必不可少,无论在村里,还是到野外采集标本和露营,他总是携带装有电池的留声机和许多唱片。与洛克同行,总是仙乐飘飘处处闻。在空寂无边的山影里,这美妙的音乐却显得有几分孤独和无奈。人在旅途，无尽的乡愁犹如已逝去的童年，只有从音乐中去追忆。在洛克的梦中，流淌着一条音乐的河流。

洛克中学毕业后就选择了浪迹天涯的生活，也许能够寻找到新的机遇和新的人生起点。为实现自己的梦想，他终于摆脱一切羁绊，离开了充满眷恋和伤感的维也纳。多年以后，洛克在读狄更斯的《大卫·科波菲尔》一书时，曾为自己少时的先见之明而感慨万分。

漂泊往往是一个孤独少年人生道路的真正起点，历史上许多先贤都是从浪迹天涯中开始了认识社会的第一课，如法国的思想家卢梭、苏联的作家高尔基、中国的作家沈从文等等。离开了维也纳，离开了家的约瑟夫·洛克，上的同样也是一所社会大学。而童年、少年的生活，在一生的记忆中是难以磨灭的。

孤独童年

1960年10月24日清晨，日本日光市金谷酒店，从一间开着窗子的房间望去，一条小溪从阳台下潺潺流过，古老的寺庙，染红的枫林，直冲云霄的三百年柳杉，空气中透着丝丝的寒意。一位白发苍苍耄耋之年的老人坐在桌前，正在一封昨夜没写完的信上，又继续写了起来：

> 美丽的早晨，被阳光亲吻的群山泛着红光，霜染的玫瑰色，针叶树让人想起圣·安东（奥地利著名滑雪胜地）。晚上我梦见了你的母亲莉娜。我在维也纳，到处去找她，但她不在家，两个女孩儿说她在咖啡馆，我就和她们一起去找她。我看到她和一群男人和女人一起围坐在一张桌子旁，男人们都在笑。我透过一扇大窗户看到了一切，下一刻我就到了弗兰茨环路22号（Franzenring22）的房子前，指着已经变大了很多的大门，对女孩儿们说："我出生在这所房子里。"然后我就醒了。为什么会做这样的梦呢？是白日梦吗？你能给我解释下这个梦吗？

这是约瑟夫·洛克给外甥罗伯特·科赫的一封信中的片段。

这短短的一段话，包含了大量的信息，关于洛克的童年，他与姐姐的关系，他的内心独白。

洛克童年和青少年时期的生活，是洛克传记作者斯蒂芬妮·桑顿于20世纪70年代在维也纳短暂停留时，从洛克姐姐莉娜的两个儿子——汉斯和罗伯特那里听来的。

洛克母亲弗兰兹·塞拉夫·洛克（Franz Seraph Rock）死于1890年，她死时洛克年仅6岁。母亲死后，洛克年仅13岁的姐姐莉娜承担了母亲的家庭重担，一方面对弟弟疼爱有加，另一方面又觉得父亲过于偏爱和溺爱弟弟，所以有时故意对弟弟不理不睬，正像洛克晚年梦境中出现的场景那样，渴望母爱，但又得不到母爱。淹没在悲痛中的父亲也只是常常带他到母亲墓碑前哭泣。

洛克的父亲弗朗西斯卡·霍弗·洛克（Franciska Hofer Rock）生于1833年，卒于1904年，享年71岁。洛克父亲在与洛克母亲结婚之前，曾与一位女子有过一个私生子，也就是生于1865年的安东。

与哥哥姐姐相比，洛克无疑得到父亲最多的关爱，寄托了父亲更多的希望，他得到了更多的培养和教育，他完成了小学教育，进了维也纳最好的私立高中之一。沿着虔诚笃行天主教的父亲为他设计好的阶梯，他也许可以进入大学，也许会成为一位牧师，这是他这个社会阶层的人，向上移动最现实的选择。

在 1925 年 12 月 24 日的日记里，他写道："平安夜，在带外国炉子的宜人小房间里。入住卓尼喇嘛寺活佛住处。""播放了《平安夜，圣善夜》，但不知怎的，感觉没有去年在东川寺庙冰冷的小殿里那么感动""独自生活的圣诞节失去了节日气氛。回想八九岁时的童年，带回快乐的圣诞节礼物"。洛克在日记中回忆起与陌生人一起度过的童年时光，以及在母亲墓边那里找到安慰。

黯然神伤的洛克写道："孤独和悲伤一直是我的命运""为了改变话题，我将在最后的卓尼记录下神灵和舞者的名字"。

这些日记现在保存在爱丁堡皇家植物园，我们希望有一天能读到日记的原件，能读到他对父亲的真实感受，读懂他的孤独，读懂他远离家人的悲伤、孤独和自由。与这部日记在一起的另一部日记，也即 1932 年至 1933 年的日记中，夹有一张洛克 5 岁时与父亲和姐姐的照片，这大概是已知的也是现存的洛克唯一的也是最早的家庭照片。

皇城根儿

奥地利这个中欧南部的高山国家,曾被称为东、西欧国家之间的十字路口,风光秀丽的阿尔卑斯山脉横贯奥地利西部直至萨尔茨堡州,并一直向南延伸到卡林西亚州,然后向东,高度逐渐降低,直到维也纳西南部。17世纪末叶和18世纪上半叶是奥地利哈布斯堡王朝的鼎盛时期,维也纳成为欧洲的文化

有两千多年历史的维也纳城

中心。19世纪末，奥匈帝国正走向崩溃。但这一时期，奥地利的社会状况得到一定的改善，经济比较稳定，洛克的一家过着平静的生活。

在洛克的梦中，他的出生地是弗兰茨环路22号（Franzenring 22），但据第一位洛克传记的作者桑顿记载，洛克家位于维也纳苏格兰环路12号（Schotttenring12）。

1884年1月13日，约瑟夫·弗兰茨·卡尔·洛克就降生在环城大道上波托茨基伯爵家的屋檐下，他家的卧室，位于一楼，今天是一家麦当劳餐厅的厨房。就在这一年年底，伯爵家对面的维也纳大学主楼也举行竣工典礼并投入使用。

辍学"伯爵"

1889年，年满5岁的约瑟夫·洛克入读小学，按外甥汉斯和罗伯特的叙述，是一间天主教本笃会的小学。从他居住的区域来看，有可能是离家不远的一所教会学校——玛利亚·特蕾国民小学（Piaristen Volksschule Maria Treu）。

但洛克入学仅一年，他年仅 45 岁的母亲就因腹疾去世，这一巨大变故，对整个家庭来说是一场灾难。两周之后，母亲的母亲也去世了，小洛克又失去了疼爱他的外婆。

即使在 67 年之后，洛克还会牢牢地记得母亲的忌日——8 月 11 日，心里充满感伤，那个令人悲伤的夏天一定是深深地烙在他童年的记忆里。

小洛克在 8 岁那年干出一件惊悚的事情来——离家出走，虽然最后以失败告终，不得不灰溜溜地回家，但在他幼小的心灵里播下了逃离的种子。

在他 10 岁，也就是小学毕业那年，他父亲带他去了一趟埃及。这一定是一次难忘的旅行，让他大开眼界，更加沉迷于探索新奇世界的幻想中。

洛克上的中学是维也纳当时最好的三所文理中学之一，苏格兰圣母本笃会修道院属下的苏格兰文理中学（Schottengymnasium），这是一所天主教私立学校，它始建于 1155 年。但它本质上还是一所精英学校，除了传统的神学课程，它还提供现代的科学课程。这所学校毕业出来的学生,除了帝王将相,还有大主教、科学家、文学家、艺术家等等,如璀璨群星。

功课上不是他不聪明,但他确实没兴趣也不用功,他来自地位低下的社会阶层,孤立无援又孤芳自赏,难怪同学嘲笑他,给他取绰号"伯爵"。据维也纳本地记者在一百多年后的寻访和查证,"伯爵"同学在13岁那年,因为"灾难般和糟糕的证据",而"逃离了"苏格兰中学,记者在文中没说他辍学,而是用"逃离"。

无用之学

能把儿子送进名牌中学,老洛克已尽全力,"伯爵"同学的成绩渣到这个水平,一定让老洛克脸上无光,感到无比的伤心和愤怒。但面对这个倔强的不成器的娃儿,却也无可奈何,为了辍学的儿子,他只好央求波托茨基伯爵家的家庭教师,来指导儿子的学习。洛克不爱读学校的书,但伯爵家珍藏有关探险、有关异国风情的书籍,则是洛克最喜爱的。波托茨基伯爵的两个儿子分别比洛克小8岁和11岁,冬季逗留维也纳期间,由家庭教师指导功课。

洛克从此可以由着自己的兴趣，学一些"没用"的知识，比如"汉语"，学习起来废寝忘食。他对语言表现出异常的天赋。幼年时，因为暑期被送回母亲在匈牙利的亲戚家，他学会了匈牙利语，他还从普拉特公园的阿拉伯托钵僧那里学会了阿拉伯语。

洛克的阿拉伯语究竟水平如何，从他在1922年9月26日的一段日记中，可以一窥端倪。当时他在滇西的漾濞采集植物种子，在太平铺附近，过了一座铁索桥，他来到一座荒芜的清真寺投宿："这是我第一次睡在清真寺里，这位老人是一位非常善良的阿訇，他说阿拉伯语，带有一种奇怪的中国口音，但我们能够很好地交谈，如果有一个单词不合适，他就会用阿拉伯语写下来，尽管也可以用汉字。这让我的回族汉语翻译马定安感到非常羞愧。我们用阿拉伯语谈论《古兰经》……我们谈论了很多关于伊斯兰教的问题。"

洛克后来成为一个"世界公民"，与当时维也纳社会对多元文化巨大的包容有关，与他流连忘返于普拉特公园这个校外的课堂有关。

我们常说时代精神,在哈布斯堡王朝的黄金岁月,文化风气的熏染,往往在咖啡馆、戏剧院和普拉特公园这样的社会熔炉里,当时的维也纳人有一种文化中心主义的优越感,对一个成长中的少年,这样的潜移默化是深远的。

洛克充满幻想,今后一定要环游世界,走遍伯爵走过的地方,这是他心中的诗和远方。

洛克"伯爵"辍学后,有没有重返校园?我们没有答案,但我从一本在美国和英国的洛克档案中都没有发现的小册子中,发现了一个洛克自己都没有找到的证据和秘密:在维也纳大学的图书馆找到了他 18 岁时编辑的处女作——一套三卷本的德汉对话手册,书名是《手书北中国的俗话》(*Praktisches Handbuch der Nord-Chinesischen Umgangssprach*),出版时间是 1903 年,署名是 "Jos. Rock Stud. Phil"。

在这之前的 1902 年,洛克已离开故乡维也纳,开始浪迹天涯,他如何以哲学系学生之名,在维也纳大学留下了这本书,这是一个谜。

而洛克苦苦学习毫无用处的汉语冷知识,还要在二十年后才真正派得上用场。洛克在他的这本德汉对话手册里,不知从哪位老学究那儿寻来这样的句子:

《手书北中国的俗话》内容

此山看见那山高,高山流水响噪噪。
无事谁游高岗上,名山采物过外交。

这几句话,如同偈语,形象地预示了他今后的职业生涯和学术追求，这难道是一个巧合？

洛克与他的同学们总是显得格格不入，老师们对他的不务正业和逃学深恶痛绝。少时洛克曾从母亲那里学会了匈牙利语。洛克13岁时已开始自学汉语，在衣服口袋里装着写着汉字的卡片，这种离奇的嗜好激怒了他的父亲。他责备约瑟夫浪费时间学这些没用的知识，可约瑟夫还是我行我素，在全家人都睡着以后他仍点燃蜡烛学习汉语，梦想有一天能漫游北京和拉萨。

1902年，约瑟夫中学毕业，父亲和莉娜坚持让他成为牧师，洛克却想加入奥地利海军。拿到文凭之后他离开了维也纳。世界在向这个充满幻想的少年招手。

欧洲浪子

在以后的三年时间里，洛克随心所欲地乘船或火车浪迹在欧洲和非洲各地，姐姐莉娜也不时悄悄地把攒下来的钱接济他。约瑟夫的经济来源主要是靠打零工，有时是当导游，有时是当海员，闲游浪荡，日子倒也还过得去。

浪迹天涯的这几年里有两件事值得一提。第一件事是1902年洛克到梵蒂冈朝觐教皇列奥十三世。按照教廷的规定,拜见教皇得穿黑色的礼服,但穷困潦倒的洛克哪有钱买礼服,因而不能去亲自聆听教皇的布道。尽管他不想成为一名牧师,但他自认为是罗马天主教徒,无论贫穷或富有,去梵蒂冈是一个教徒天经地义的权利。洛克认为这些规定是对他个人的伤害和污辱,于是从此背离教会,并从此对教会的组织规范等俗套不再有丝毫的好感。第二件事是1904年7月洛克父亲病逝,约瑟夫匆忙赶回维也纳料理父亲的丧事。尽管父子不和,但父亲的死仍使得他一度情绪低落。弗兰兹一生都贫困潦倒,没有给子女留下什么遗产。好心的莉娜看到约瑟夫的窘境,把父亲留下的金表和自己身上所有的钱都给了他。父亲的葬礼过后,约瑟夫又出发到英格兰旅行,他的身体本来就很虚弱,在那里又患上了早期的肺结核。开始咯血后洛克惊慌地回到了维也纳养病,莉娜细心地照料了他几个星期,但维也纳秋季潮湿恶劣的气候使病情加重,约瑟夫于是匆忙地跑到了意大利,然后又去了突尼斯,在到达马耳他岛时他已病得不轻。在马耳他岛洛克用很少的一点儿钱租了一套屋顶上带花园的平顶房养病,地中海和煦的阳光使他的身体渐渐康复。

咯血停止以后，洛克自我感觉好一些，但身上的钱也花得差不多了。这时他找了一份船员的差使随船前往汉堡。后来发生的事说明这并非明智之举，船在向北航行时已是寒冷的1月份，甲板上结满了冰，寒冷的航行使洛克很快又病倒了。到汉堡后他几进几出慈善团体医院的病房，一直待到这一年的8月份，然后离开汉堡到了比利时的安特卫普等地。在安特卫普，洛克又因病住进了一家医院，到生命脱离危险时他同时也丢掉了来之不易的饭碗。

到美国是洛克一生当中的一个重大转折，后来他在日记中描述当年是如何阴差阳错地到了美国："那天我买了张到汉堡去的火车票，但没有赶上火车，于是就乘当天九时到纽约去的船。我记得那天是9月9日，安特卫普码头上寒冷的海风与纽约的炎热真是不可同日而语。"在船上打工的工钱恰好抵了船票，在纽约曼哈顿下船时他已囊中空空如也，于是径直到码头附近的典当铺，把身上唯一一套海员制服当了50美分，然后开始在新大陆闯荡。

漂泊在美洲

洛克在纽约找到了份洗碗的活儿,新认识的朋友租给他一个床位落脚。为了尽快学会英语,脑袋瓜灵活的他故意避开讲德语的人群,很快就掌握了英语。每逢星期日休息,他就如同幼时一样常常徘徊在风景如画的墓地沉思冥想。随着冬天的来临,这个孤独少年的旧病复发,不得不到医院接受治疗。到了夏天,等病情稍稍好转,洛克便前往纽约州的安第雷克山度假胜地找了份工作。但他的身体并未痊愈,美国东北部的恶劣气候严重影响着他的身体健康。为此,他不得不听从医生的建议,到气候温暖的地方去养病。

为了寻找一个气候有益健康的地方,到纽约刚好住了一年后,洛克乘汽船到美国西南部,后来又到了加勒比海的哈瓦那等地,在墨西哥也逗留了几个月。有关这个维也纳少年在美洲的流浪生涯始终是模糊不清的,在功成名就之后他更是不愿提及。从洛克的遗嘱执行人、原夏威夷植物园园长阿尔文先生给我的一份洛克的简历(1963年)中,可得知1906年至1907年的冬天,洛克曾到过圣安东尼奥和得克萨斯,到了夏天,他又在瓦可找到了一份临时工,并向一户友善的人家租了一个很便宜的房间。为了提高英语水平,他在巴勒学了两门课程:英语和《圣经》导论。洛克原打算在巴勒待上一段时间,但他的肺病在这时又恶化了。尽管医生认为海洋的空气可能会害了他,但洛克还是打定主意到夏威夷去碰碰运气。

他收拾好简单的行李,出发到了洛杉矶,后来又到了地震之后一片废墟的旧金山。1907年10月,他随身仅带有一枚金币和少量零钱就急匆匆地乘"满洲里"号赶往夏威夷的火奴鲁鲁。在航程中船上有几个中国人常常聚集在一起赌博,洛克看得眼红,也想趁机捞上一把,没想到几分钟内就输得一干二净。有一个中国人,赌注下得比洛克大,在这种赢少输多的赌博中输光了钱,船还没有到目的地就绝望地刎颈自杀了。这种血淋淋的场面让洛克感到不寒而栗。虽然输掉了金币,却未必不是一件好事,因为这是他第一次赌钱,同时也是一生中最后一次赌钱。

当"满洲里"号驶入火奴鲁鲁的港口时,耀眼的阳光似乎令洛克忘记了忧愁和烦恼,他的生活从此翻开了新的一页。

自学成才

自离开维也纳以后，有五年时间洛克一直漂泊在欧洲和北美各地，疾病的困扰使他难以安定下来，死神一次次与他擦肩而过。初到夏威夷时，身高1.72米、皮肤白皙、戴着眼镜的他囊中羞涩，不名分文，也没有什么学历。漂泊的生活使他一方面见多识广，另一方面自幼形成的孤僻性格使他从不去亲近异性，除了有点儿语言上的天赋外，在品位方面自视甚高的他甚至不愿弯下腰去亲吻女性的手。23岁的洛克由于过早地独立生活，个性变得十分顽强和自以为是，无牵无挂的他随时可以收拾行囊去流浪，也可以对任何人不辞而别，这种不可救药的流浪生活实在是自由自在、无拘无束。他为人和蔼可亲，谈吐幽默，笑声爽朗而富有感染力，经常有人围着听他讲各种离奇的探险故事。

有记忆天赋的洛克可以在漫无边际的旅行中博闻强记，增长见识。他学会了多种语言。到达夏威夷时，洛克已经能够比较熟练地使用匈牙利语、法语、拉丁语、希腊语和汉语，此外，他还能讲一点儿阿拉伯语和认识一些梵文。他讲的英语口音纯正，没有半点儿德语口音，在他的后半生，他对讲英语的偏爱甚至超过了母语。他在语言方面的天赋有可能给常春藤教会学校留下深刻印象，但在重商不重文的夏威夷，他一时也难以施展身手。在离美国本土文化最边远的这块土地上，奇异的风土人情从一开始就给他留下深刻的印象。夏威夷当时已是美国的领土，少数的白人虽然掌握了该岛的经济命脉，但在文化上仍是以人与自然融为一体的土著社会为主，白人则生活在相对封闭的小圈子里面。

洛克的出现一开始就十分引人注目。语言上的天赋，使一贫如洗的他最终得以在米勒斯中学和中太平洋学院等三个学校得到教职，教授拉丁文和自然史，没有什么学历的洛克能混到这一步也实在不容易。中学时在维也纳打下的基础和所受的宗教训练使他的拉丁文有一定的水准，足以胜任拉丁文的教学，但在自然史方面，他不得不边教边学。自然史课程可以经常带学生到大自然中去，夏威夷奇异的气候和地貌类型孕育了其独特丰富的动植物资源，这深深吸引着洛克。他开始阅读很多有关植物学的经典著作。这年夏季，由于肺病再次复发，为了使身体尽快康复，洛克决定找一份可以在野外游荡的工作，一方面可以呼吸野外的新鲜空气，另一方面可以满足自己对植物学的兴趣。1908年9月，洛克辞去了米勒斯学校的教职，凭着自己对植物学的浓厚兴趣和自信，一个月后在夏威夷森林与国土部门找到一份植物采集员的工作，为该部门采集夏威夷各地珍稀植物的种子与标本。

对于没有文凭和未经过专业训练的洛克来说，这份工作实在是来之不易，所以工作起来格外勤勉，整天起早贪黑地在野外采集标本。为了观察植物的生长和习性，有时他干脆就在野外露宿观察和研究，此外还大量查阅有关夏威夷植物的文献和著作。许多著名的植物学家开始时并没有专业训练的基础和背景，完全靠浓厚的兴趣和业余爱好步入植物学的殿堂，洛克走的同样是一条自学成才之路。他看不起那些靠干标本和书本来从事研究的"安乐椅"上的植物学家。在为夏威夷森林与国土部门工作的三年里，着重于实地调查和研究的洛克坚忍不拔地在植物学园地里默默耕耘，并取得了一定的成就。1909年，在阿拉斯加—育空—太平洋林产与植物博览会上，洛克就其新发现的一种植物发表了自己的第一篇论文，并赢得一枚金牌。但夏威夷森林与国土部门的植物采集工作也有其局限性，不但经费有限，而且处处受制于人，难以在植物学研究上继续深入。

1911年，洛克辞去了植物采集的工作，轻而易举地得到了夏威夷学院的一个职位。夏威夷学院是今天夏威夷大学的前身，根据1862年"莫瑞法案"的规定，学院于1907年建成。学院当时的规模较小，洛克进校四年后全体教职工也不过12人，所设课程着重于农业和工程学。生活和工作的相对稳定，使洛克那颗惯于漂泊的心暂时平静下来，专注于植物学的教学和研究。1913年，洛克加入了美国国籍，1919年被提拔为植物分类学教授，这个头衔使他感到很开心。洛克在夏威夷学院一直待到1920年。在1911年至1921年期间，他发表了45篇有关植物学的论文,其中三篇编著成书:《夏威夷的土生树木》(1913年)，《夏威夷的观赏树木》(1917年)，《夏威夷桔梗科山梗菜硷种类的专项研究》(1919年)。在学院的9年时间里，洛克全身心投入植物学的研究，对夏威夷土生树木的深入研究，确立了他在国际植物学界的地位。洛克在短短的12年里所取得的成就，对一个普通人来说也许要耗费毕生精力才能完成。为了从事植物学研究，洛克跑遍了夏威夷的每一个角落，这需要顽强的毅力和耐力。除此之外，他还有着惊人的记忆力，就是在离开夏威夷三四十年后，他仍然清楚地记得岛屿上各种植物的分布和准确位置。此外，他还为夏威夷引进了许多重要的经济作物和观赏植物，今天夏威夷大学优美校园里种植的许多花草树木都是拜洛克当年所赐。

　　洛克在夏威夷大学的故事有一段小插曲，十多年后，洛克曾在日记中记载与维也纳大学的关系如何如何，在夏威夷大学汉语教得如何出色，但事实上当时夏威夷大学并没有开设汉语课程，有可能是他私下里教授别人。最令人难堪的是洛克的学历问题。1914年至1916年洛克在夏威夷大学任教时，学校曾出过一本介绍院系设置的书，洛克在履历表中填写过毕业于维也纳大学，但没有具体标明取得什么学位。行踪上洛克从18岁起开始在欧洲各地流浪，几乎没有机会接受高等教育，除了洛克的家人，一直到洛克去世，所有认识洛克的人都认为洛克毕业于维也纳大学。洛克对学历问题十分敏感，在夏威夷大学任教时曾有两个天真烂漫的女学生偶然问过洛克在什么地方获取过博士学位，洛克的脸马上红了，有好几天都不同她们说话，为了获得大学的教职，也为了在同事面前保持自己的脸面和尊严。而以洛克个人的能力和所做的杰出工作而言，也从来没有人怀疑洛克是否的确受过高等教育。对自己早年的经历讳莫如深，把自己包裹在一个无形的套子中，使洛克与人总是保持一定的距离。

洛克自由的天性不会被一个地方束缚得太久，多年的流浪生活所养成的习性并不会因生活和工作的稳定而改变，只要有足够的钱或得到资助，他就会离开夏威夷到各地旅行。当第一次世界大战的硝烟在欧洲四处弥漫的时候，洛克正逍遥自在地在远东游山玩水：1916年，他得到夏威夷甘蔗种植协会的资助曾到过菲律宾、新加坡和爪哇；1917年，他还到过加利福尼亚做田野工作；1919年，他又重访泰国、马来西亚和爪哇。1919年底，他因自己收藏的28000件植物标本的归属问题与学校发生争执，从而萌生去意。1920年5月25日，与学校闹翻脸的洛克一怒之下拂袖而去，到美国本土寻找发展的机会。

寻找大风子树

不过，植物学家要在美国本土找到一份工作并不容易。洛克到哈佛大学寻找工作，但那里已是僧多粥少，到纽约植物园也是人满为患，无法立足。好在天无绝人之路，四处碰壁之后，瞎摸乱撞的洛克总算在首都华盛顿找到一份好差事。农业部外国种子与植物引进办公室对进口大风子树的种子很感兴趣。大风子树是一种常绿乔木，叶革质，披针形，浆果球形，含种子

大风子树

30～40粒，原产于中南半岛和印度，种子榨出的油可以用来治疗麻风病、恶疮、疥癣等。这就需要有一个能识别大风子树的人到东南亚一带去寻找。洛克牢牢地把握住机会，幸运地得到了这份美差，于1920年秋出发，到远东探寻大风子树种。

洛克到达的第一站是泰国的曼谷。虽然洛克曾于一年前到过曼谷，并为其迷人的民俗风情所倾倒，但还是马不停蹄地带上美国农业部的证明和介绍信去拜访在曼谷的美国公使乔治·汉特。乔治对洛克十分友好，陪同洛克在曼谷和清迈游览观光了整整一个月，并向当地人打探什么地方有大风子树。12月2日，洛克离开清迈，带着一个老挝船工、一个厨师和一个仆人沿湄南河漂流而下。

船速十分缓慢，洛克在单调烦闷的旅程中一边行船一边沿河岸采集植物标本。有一天，洛克见河水平缓便下河游泳，吓得其他人在船上大喊大叫，也不知他们说些什么，后来才得知河里有鳄鱼。也许是鳄鱼对白人的肉体不感兴趣，洛克有惊无险地逃上了船。在澜亨，洛克弃船上岸，带了几个脚夫从陆路到了缅甸的毛淡棉（Mawlamyine）一带寻找大风子树，最后在泰缅边境的卡克芮克山发现一棵大风子树，可惜这棵树并不结果。

圣诞节前夕洛克回到了毛淡棉，与在那里的传教士一起过节。无望之中，一天，他在毛淡棉与仰光之间一个村子的集市上，突然发现一个口嚼槟榔的妇人篮中有大风子果。他将所有的大风子果买下，但对大风子果来源于何处还是一无所知。经过几星期的追根溯源，几经周折，洛克最后才在科牙陀（Kyeikdon，现也翻译为杰东）找到了结满果实的大风子树。

以洛克命名的一种东南亚蕨类 Asplenium Rokii，洛克摄于 1921 年

　　为了适应在美国各地不同条件下栽培大风子树的需要，洛克继续在缅甸其他地方寻找大风子树的种子。令他喜出望外的是，美国农业部付给他一大笔酬金，为《国家地理》杂志写的一篇大风子树的文章也得到了 400 美元稿酬，这在当时可是个

大数目。第一次为《国家地理》杂志撰写文章就得到了该杂志的青睐,洛克不经意地又发现了一条生财之道。好运接踵而至,因为精明的洛克同时也把其他有价值的植物种子连同大风子树种子一起寄回国内,赢得了美国农业部的好感和信赖,他们希望能与洛克继续合作,到中国西部寻找抗枯萎病的栗子树种。

但洛克并没有立即出发到中国去,而是想稍事休整。口袋里有了钱,奢华的维也纳变得不再那么遥远。这时战争已结束三年多,欧洲的局势已恢复平静,所以洛克想到了回老家一趟。在离家近20年时,洛克又回到了维也纳探亲。洛克的姐姐莉娜此时已离婚,带着三个孩子艰难度日。衣锦还乡的洛克除了为外甥们带来了一大堆礼物,还慷慨地特意为姐姐在维也纳的乡下买了一所房子,因为洛克认为乡下的生活有益于儿童的教育。然而乐极生悲,在这位从美国归来的舅舅带着外甥们乘着当时还很昂贵的出租车准备去维也纳歌剧院的豪华包厢欣赏歌剧的途中,出租车差点儿把一个老妇人给撞死。

洛克在早年的生活中很少记日记,所以很难追寻他的足迹。到他慢悠悠地转回曼谷时已是1921年11月底,这时他才开始着手准备出发到中国探险考察。

彩云之南

冒险家的乐园

20世纪初,法属印度支那的法国人异想天开地想从越南临北部湾的海防建设一条到达横断山脉深处的铁路。殖民主义野心日益膨胀的法兰西殖民者,想借这条通往云端的"天梯",霸占彩云之南这片广袤的高原。在从来就没有公路、铁路,与世隔绝的大山里,这条铁路的修建既需要天才的想象力,又需要疯狂的执着和赌徒的大胆。铁路的起点和终点垂直高差达两千多米,特别是进入云南这一段,越往北走,河流就越来越湍急,河谷越来越窄,山峰越来越高矗。崇山峻岭把一切现代工业文明拒之门外,却挡不住法国人贪婪的欲望。这条全长870公里的滇越铁路,在当时算得上是巧夺天工。费尽移山心力的浩大工程用了十年时间,耗资达四千多万金币。1910年,这条铁路终于建成通车时，在中国境内314公里的每一根枕木下面都埋葬着为筑路而丧生的中国苦力。法国人把开往云南的火车美其名曰"云南特快"，在慢腾腾地穿越无数的隧道和桥梁后，这条长蛇直插云南的心脏地带。但法国人的如意算盘最终还是落空了。在政治上，他们没有捞到他们所想要的东西；在经济上，多多少少有点儿得不偿失。许多年后，这条意味着讽刺、意味着悲剧的窄轨铁路已变得残破不堪，它并没有给云南带来工业文明，也没有给云南人的生活带来多少变化。在古老腐朽的封建军阀统治下，对于大多数云南人来说，它可有可无，因为古老的驿路是他们对外交流的主干道，这些历尽沧桑的驿路自古以来就是云南古老文明生生不息的脉搏。在热带丛林遮天蔽日的山间小道上，一队马帮飘荡的铃声正伴着来自大洋彼岸的探险家走近彩云之南。

20世纪80年代末，有一个日本的旅行团到了云南的西双版纳后，在近一个月的时间里，他们每天都早出晚归，令人奇怪的是，他们既不要向导，也不游风景名胜，每天都往深山老林里跑，在离开云南的最后时刻，这伙人不可告人的秘密终于被认真的昆明海关人员揭穿。从这伙道貌岸然的旅游者身上的衣领里、领带里、行李里发现了暗藏着的植物种子和昆虫标本，天机泄露之后这伙经过严格专业训练的"旅游者"受到了严厉的惩罚，灰溜溜地回日本去了，他们只是些冒险的小偷儿，算不上是冒险家。

但在半个世纪以前，发生这样的事对于中国人也好，外国人也好，都会觉得不可思议。在那个时代，按照某些人的逻辑，深山老林里的花草大概要归于"窃不算偷"的一类。自鸦片战争以后，帝国主义列强用枪炮打开了中国的大门，其势力和影响也渐渐从沿海渗透到中国的边疆和内地。这些地区丰富的动植物资源引起了蜂拥而入的外国商人、官员、传教士的浓厚兴趣和注意，贪婪与好奇促使他们把数以万计的农作物、药材、奇花异草和珍稀植物带回本国，如果这种偷窃只能算是业余水平的话，一些植物学家的专业化参与就使这种偷窃变成一种触目惊心的抢掠。从此以后，英、法、俄等国的植物学家纷纷到中国来分一杯羹，云南独特的地理与气候类型使其成为动植物的王国，在19世纪末和20世纪初也成为这些西方探险家和强盗的乐园。

早在洛克之前已经有不少西方探险家涉足了中国的西南边地从事植物的采集和研究工作。据粗略统计，从19世纪开始到 1949 年，前来中国采集动植物标本和探险的外国人就有 232 人，来自 14 个国家，这些人有植物学家、动物学家、地质学家、地理学家等，有的是专家，有的是业余爱好者，除自然科学外，也涵盖考古、人类、民族、语言等学科。

1843 年、1848 年和 1852 年，在英国伦敦园艺协会和东印度公司的指派下，罗伯特·富前（Robert Fortune）到中国各地采集各种观赏植物和经济作物，把不同种类的茶种引入锡金和印度的阿萨姆邦，以打破中国在茶叶生产上的优势和垄断地位。1880 年前后，法国植物学家 P. 达拉维仅在云南西北部就采集了 20 万件植物标本。维也纳自然历史博物馆的植物学教授韩马迪（Heinrich Handel-Mazzetti）1913 年自越南沿滇越铁路到昆明，随后深入滇川交界的丽江、中甸、永宁、木里等地采得大量植物标本。

如何理解植物猎手这个角色，不能脱离具体的历史语境，那就是"地理大发现时代"（又名探索时代、海权时代或大航海时代）。从 15 世纪到 17 世纪时期，欧洲的船队出现在世界各处的海洋上，寻找着新的贸易路线和贸易伙伴，以发展欧洲新生的资本主义。探险和掠夺是这一时代的主题，与之相伴的是科学探索和研究的兴起，到 18 世纪和 19 世纪，科学之花盛开的背后，是令人尴尬的道德困境，查尔斯·达尔文的环球旅行，所扮演的不也是动植物的猎手角色吗？今天物种或基因资源已成为一个主权国家法律管辖的范围，但在物种资源保护尚未树立起来的年代，动植物资源的法律规范和保护观念常常处于真空状态，原罪的不只是抢掠者的贪婪，生态保护意识的滞后和疏忽，工业化进程所造成的破坏，同样触目惊心。

同行是冤家

从洛克初入中国，每一路行程，最必不可少的功课就是"见官员"和"见洋人"，因为语言和文化上的亲近感，在中国已经生活了一些日子的外国人，成为新来外国人快速获取当地各种信息的重要渠道。

洛克初到丽江，有一个人不得不提一下，那就是洛克在大理一起同游苍山的库克，洛克初入丽江古城，有可能是住在中国内地教会的传教点。洛克一开始在日记里把他的名字记错了，在拼写上少了一个"E"，熟知之后又更正过来。两人又从大理一起同行到丽江，洛克在库克的名字后又添加了

"C.I.Mission"，即中国内地会（China Inland Mission），其创始人为英国传教士戴德生（James Hudson Taylor）。1853年9月，在英国传教士郭实腊的感召下，戴德生受英国的中国宣教会派遣来华。1858年，戴与中国宣教会意见不合，脱离该会。1901年，内地会英国传教士马锡龄夫妇到大理传教，住朝阳巷福音堂。1904年，英国传教士安选三等人来大理传教。1907年，安选三购得大理北门金箔街房产作为内地会会所及福音堂。

库克（Allyn Bushnell Cooke，1896—1990），汉名杨思慧，美国人，毕业于洛杉矶圣经学院，1919年到云南大理学习汉语。1922年至1926年在木城坡（今德宏傣族景颇族自治州潞西市）教会服事。他花了十七年时间，于1936年完成傈僳文的《新约圣经》的翻译。他的夫人莱拉（Leila）著有《傈僳土地上两个甜蜜人》（Honey Two of Lisu-land，1933）。1943年4月，莱拉在怒江峡谷傈僳村落患病去世。

洛克对在中国传教的外国人大多素无好感，认为他们大多没受过良好教育，素质低劣，甚至在生前留下的未刊稿中，对传教活动冷嘲热讽。尽管如此，并不等于他与其中一些人关系不好，洛克对传教活动的态度，与他童年的经历有关，父亲强迫他去做牧师，违背他的意愿，心灵和信仰的自由对他来说比什么都重要，所以他对宗教的态度是：不管是什么宗教，好的内容他都愿接受，但反对强加于人。

初到丽江，洛克少不了与内地教会打交道，多年以后，在《中国西南边疆纳西部落的生活与文化》一书中描述丽江纳西人的文化生活时，洛克对在丽江的传教活动并无一句好话。洛克说："纳西的生活娱乐很少，他们反对传教士干涉他们的家庭生活，以及违犯他们非常谦和的生活娱乐。传教士告诫纳西人不可饮酒、抽烟，也不可跳舞。纳西人温良谦和，具有比大多数白种人更高的道德标准。没有一个妇女可脱去外衣，决不可能梦想一个纳西妇女会穿一个白人姐妹们所穿的那种裙子。"

洛克在大理的日记中，并没有提到他在大理遇到从腾越过来的乔治·弗瑞斯特（George Forrest，又名傅礼士），但他在4月20日给美国农业部的大卫·菲尔乔德（David Fairchild）的信中却提到了他在大理新认识的这位同行，在得知弗瑞斯特没去过滇南后，他请菲尔乔德向爱丁堡植物园寄些在滇南采集的杜鹃花标本。给外人的信中是一团和气，但在洛克心中，却未必如此，以至于在日记中不置一词。弗瑞斯特则在一个月后，也即5月21日给威廉姆斯（J.C.Williams）的信中提到帮洛克在雪嵩村租房子的事，说他们俩，一个是找树，一个是找花，利益并不冲突，但"我不得不说，我对美国人没有任何特别的喜好"。

在中国的西南，在洛克未来之前，有三位植物猎手早已声名鹊起：苏格兰植物学家乔治·弗瑞斯特（1873—1932）在清末至民国初年的二十八年间，在滇、川、藏边区为英国爱丁堡皇家植物园共采集植物标本十多万份，植物类达六千多种，其中一千二百多种为植物学上的新发现，他所掠夺的植物诸如杜鹃属植物、报春花、龙胆、百合、兰花等至今仍在欧美各国的花园里争奇斗艳。还有亨利·威尔逊（Ernest Henry Wilson，1786—1930）。威尔逊被西方称为"打开中国西部花园的人"。另外就是弗朗西斯·金登-沃德（Francis Kingdon-Ward，1885—1958），金登-沃德从1911年开始探访云南，先是在澜沧江流域收集植物标本，1913年从缅甸进入云南，在滇西北的阿墩子和西藏东部采集植物种子，1921年从缅甸腊戍到云南的永宁。1922年从缅甸八莫再入云南，经腾越、大理到达丽江，后渡过独龙江回到坎底（Hkamti Long）。长期在云南、四川、甘肃东南以及西藏东部植物采集和探险考察活动尤为活跃和著名，著有《绿绒蒿的故乡》以及各种专著多达25部。

洛克在杜鹃花上做了大量的收集工作，还有三本未出版的笔记留在爱丁堡植物园和哈佛大学图书馆。

1. 洛克收集的杜鹃田野笔记1923/4（The Field Notes of the Rhododendrons collected by Rock 1923/24），59029-59638，158页。

2. 洛克收集的某些杜鹃田野笔记1925/26（The Field Notes of some Rhododendrons collected by Rock 1925/6），9页。

3. 洛克收集的杜鹃田野笔记1929（The Field Notes of the Rhododendrons collected by Rock 1929）3749-405；13页，哈佛图书馆。

这三个人，后来与洛克的关系都微妙而紧张，洛克进入丽江后，靠弗瑞斯特的关系在雪嵩村落下脚，甚至弗瑞斯特已经训练好了一群"熟悉业务"的村民可供洛克雇佣，但彼此的关系就此止步，虽同在一村，却尽量避免相见。1922年，金登虽在丽江，但抱怨洛克"挖墙脚"，用高价抢走了他雇佣的村民，后来干脆躲得远远的，不愿与洛克抢地盘。无论是弗瑞斯特还是金登，都觉得洛克是一个令人讨厌的暴发户。威尔逊因为供职哈佛植物园，与洛克有同事之谊，彼此间表面客气，却相互猜疑。

洛克未发表的《杜鹃笔记》

古道苍茫

从清迈到打洛寻找大风子树是洛克职业生涯的一次重要转折。据说，当年他去美国农业部申请这份工作的时候，悲天悯人的他出于对麻风病人的同情，眼睛里含着泪光，他的诚意打动了农业部的负责人。在工作过程中，他所体现出的专业素养，敬职勤勉，一定给农业部的负责人留下深刻印象。出色的工作表现为他赢得了另一份"临时工"合同——寻找抗病毒的栗树种子。1921 年 11 月，洛克又来到了曼谷，不过，这次他的目的地不是东南亚，而是他梦想已久的中国。

从清迈到打洛

洛克进入云南时选择了从滇南入境。在过去的云南，从 2 月起到 6 月雨季开始时止，是马帮运输的繁忙时节。从 6 月到 8 月则几乎没有马帮，到 9 月马帮又开始繁忙，一直延续到 12 月份，到春节前马帮又渐渐松弛下来。在时间的选择上，洛克在离开泰国到中国这一段行程恰逢旱季，天气干爽宜行，从滇南到滇西北这一段则是春暖花开的季节，便于植物标本的识别和采集。

崇山峻岭阻碍了云南同外界的交流，同时也使千百年来的大自然的原始状态处于大山的保护之下。交通运输数千年来只有沿用一种独特的运输方式，用成群结队的马或骡来运输，云南人称之为马帮。对于一个来自西方文明世界的探险家来说，旧时云南的马帮之旅无疑是一次挑战和刺激。在20世纪30年代曾与洛克在云南一起旅行过的埃德加·斯诺有过这样的感慨："云南马帮，在讲究效率的今天，大概可以算得上是最绝无仅有、最不慌不忙、最莫明其妙、最喜欢拖延时间的一种交通工具了，有许多事情可以阻滞他们，诸如土匪出没，找不到保镖，货物不足，旷日持久的关于运费的讨价还价，骡子生病，马夫喝醉酒，下大雨，等等。"但马帮之旅的魅力是永恒的，所以斯诺同时也惊叹："马帮，这是一个令人心醉的字眼，它蕴藏着神秘，蕴藏着不可知的推动力。"

洛克一行的行程相当缓慢，平均每天仅能走20英里（约32.19公里）左右，道路的崎岖自然给马帮的旅行带来许多不便，但其中一个重要原因则在于洛克本人。每天早晨，马帮早早起来，在雾气弥漫、蜿蜒曲折的山道上行进，洛克都要手拿指南针骑着马走在队伍的前面。只要发现奇异的植物，马帮就要停下来帮他采集植物标本，这无疑让马帮的行进变得更加缓慢。另外一个原因是，只要条件许可，洛克都免不了要追求舒适和享受，在野外讲究生活情趣似乎有点儿不合时宜，但洛克还是要支起餐桌，铺上桌布和餐巾，好好享受一下厨师为他精心准备的奥地利大餐。令人感到更加不可思议的是，有洁癖的洛克竟然在荒山野岭上还要享受热水的盆浴，出身贫贱似乎并不使洛克具备吃苦耐劳的美德。在文明世界平平常常的享受，在野外则显得有点儿穷奢极欲，这不仅让中国的随从苦不堪言，也让西方的同行瞠目结舌。只有埃德加·斯诺对此持一种比较欣赏和理解的态度："洛克习惯于野外生活，他有种种巧妙的设备，可以帮助一个孤寂的漫游者忘却自己已经远离家室，远离亲人，远离美味佳肴。他有许多天才的发明，如折叠椅、折叠桌、折叠浴缸、热水瓶等等。无怪乎他所到之处，当地人敬畏之余无不把他看作一位外国的王爷。我本人能侧身他的侍从之列也深感荣幸。"

洛克在探险活动中摆排场的另外一个原因是，他不愿把自己弄成探险家风尘仆仆的模样而受人冷落，而是摆出一副大人物的派头来。在酷爱脸面的东方，要赢得尊重，用洛克的话来

洛克设计的折叠桌椅——每次出行必不可少的装备

说,就是"你要想让别人相信你是一个重要人物,你就得在荒野里如此生活"。每到一地,洛克都会拿着印满头衔的名片去拜会当地官员。一杯茶过后,当地官员都会告诉他可以在什么地方过夜,下一段的路况如何,并会提供一些士兵护送。对于各地的风土人情每个人都各有各的说法。虽然马帮之旅艰险漫长，但异彩纷呈的人文与自然景观使人目不暇接，这种经历和体验对洛克以后的生活产生了很大影响。斯诺曾写道："这种生活确有一种乐趣，现在我才理解了洛克对这种生活的热爱，率领着自己的马帮，享受着一种特殊的激动人心的责任感，因为你对你的手下人和你自己的生命要负责任，日出之前的一个小时出发，在朦胧的朝雾中骑马前进，徒步爬山，爬得你四肢筋疲力尽，在日落时分到达一个从未见过的河谷，不知道晚上在什么样的房间铺床睡觉，别的什么也不指望，只想安安稳稳地睡上这好不容易才挣得的一觉。这些都是最简单、最原始的需要，但满足这些需要后所得到的兴奋和激动，却是那些常年居住在城里，只和大马路打交道的人永远感受不到的。"

1921年12月30日一大早，洛克从泰国的清迈乘摩托出城，与等待在郊外的马帮会合。洛克的马帮有29匹马，配有5名挑夫，还有翻译、厨子、马童以及一名教会的医生巴尔（Baer）。

洛克的日记也在这一天，开始记载马帮的行程。他们开始先沿河谷行进，然后翻越多隆山脉（Doi Luang，泰国国家森林公园）的分水岭，向清莱方向进发。

从洛克留下的日记来看，他在泰缅境内的行程显得非常顺利和平静，在泰国北部，他的记事内容无非就是每天看到的植物，一边采集植物标本，一边拍照建档，一些与农业部的任务没有直接关联的事物，比如沿途经过的村庄和各种各样的土著，只要他觉得有趣，常常也会摄入他的镜头。1922年1月5日，马帮在路上遇到了十头大象，其中八头是野象，还有一头是白象，一个土著被象牙刺穿身体，从胸前扎出来。经过一周的行程，1月6日下午4点半，洛克一行抵达清莱，住在Mr. Bachtell的家里。余下两天是晒植物标本和冲胶卷。

1月9日，洛克一行带了六匹马和五个脚夫到清莱附近的象山（Doi Chang，今天的象山以几十万株樱花和当地产的咖啡而闻名）采集标本。在象山，洛克遇到打猎的苗人，洛克对此感到好奇，并向苗族男孩儿购买弓箭，但苗族男孩儿不愿出售他的毒箭，因为他的毒箭也是向其他部落买的，得来非常不易。

1月12日，洛克感到身体不适，于是又返回清莱休养了五天。1月17日，离开清莱，抵邦都村与在此等候的中国马帮会合，在更换马帮后，有15匹马和8个脚夫。等待次日与教会的玛森（Mason）医生一同出发。

1月20日翻越泰国境内的最后一座山峰雨伞山，来到了胡塞河（Hue Sai，又称洛克河，该河是泰缅边界的界河，汇入湄公河），进入缅甸掸邦地区第一个村庄大其力（Taki-lek，今拼Tachileik）。

1月23日下午抵孟林。在孟林附近逗留了两天，其间曾渡过湄公河。1月26日抵孟帕亚（Muangpyak）坝子。2月初，洛克一行在景栋附近采集标本，2月7日曾到景栋邮寄包裹。

2月10日，洛克的马帮住宿在勐拉河谷的一个小村子勐玛村，之前在泰缅边界，他们从勐养来的掸人那里听说，中缅边境有五六百土匪在活动，后来在景栋时又听勐海来的茶商说，路上并没有遇到什么强盗。直到此时，路上一直相安无事，想到第二天就可以抵达中国境内，洛克心里不禁有点儿释然。

1922年2月11日一大早，洛克一行早早离开勐玛村，沿着一条小河向东走去，左边是连绵的山丘，右边是一层层的田畴。洛克的马帮经过近一个多月的长途跋涉，从泰国出发经缅甸北部苗、掸、佤、卡佤族的村庄和地界抵达中国边境的景洛（今天的打洛口岸）。这一路恰好是今天人们所说的"金三角"

地带，但在洛克的笔下，那时并无鸦片种植的描述。

到中国去探险一直是洛克幼年时遥远而不可即的梦想，在漫长的等待中他终于实现了自己的梦想。洛克在刚刚过去的1月13日度过了他38岁的生日。中国边地的风土人情一定与他所期盼的东方异国情调有所不同，在这一天的日记中他以抒情的笔调表达自己清新而又神秘的感受：

"在刚刚过去的一个小村子里，妇女的装束与勐玛村的完全一样，胳膊上套着银环，她们向我们兜售柑橘，当我用相机拍她们时，她们像小鹿一样跑开了。在下午五点左右，我们抵达了中缅边境的景洛，在路的中央插着一面早已褪色的中国国旗，左边是一幢残破的竹楼，一个矮小邋遢的中国官员面带微笑友好地接待了我们，他的几个士兵跟他一样穿着脏兮兮的白制服，裤子的边缝镶着红色的窄条和铜扣。另外几个中国人则穿着蓝色衣服，他拿出凳子来招呼我们坐下，我们交谈甚欢，此人名叫王凯奇（发音有点儿像火奴鲁鲁岛的海滩），他认识与我们同行的牧师玛森，他甚至没有要求我们出示护照，就让我们进了景洛。他从玛森那里买了一些奎宁。他在边境上已待了七年。我为站在旗子前的玛森和巴尔拍了一张照片，玛森则为站在中国旗子前的我和官员拍了一张照片，王凯奇还给我们一封交给景洪召片领的介绍信。"

当天晚上，洛克一行"在一个破烂不堪的寺庙里安歇下来，此庙有两尊雪花石膏的佛像和一尊木佛像，这个小庙名叫板达关，即水牛过河的地方，同在庙里过夜的还有傣族人，他们对我们所携带的灯具和手电筒很感兴趣，还看着我们吃饭。当我整理那些植物标本时，他们又围了上来，不断地咳嗽和打嗝儿。令我难以忍受的是，许多人都来要药品，一个是为患癫痫的孩子来求药，另一个则是来要哮喘药，我们最后不得不以上床睡觉为由将他们赶走"。

"到达佛寺时，明月初升，日落后的远山笼罩着淡紫色的暮霭，满月像一个苍白的银盘浮现在淡紫色的薄雾之上，清晰地映照着深沉的大地，这真是神奇的景象，天很冷了，我得停笔了，所有的一切都已沉睡。"

洛克对马帮行程叙述，就像一幅幅绘画，开始只是速写，或是素描，在泰缅境内行程，记事简略，几无感情化的色彩。在抵中国境内后，渐渐地，叙事风格发生一些变化，笔触更加灵动，色彩更加饱满，科学家的严谨记录与一个旅人内心的感动交织在一起，为中国的边地风貌留下了一份珍贵的档案。

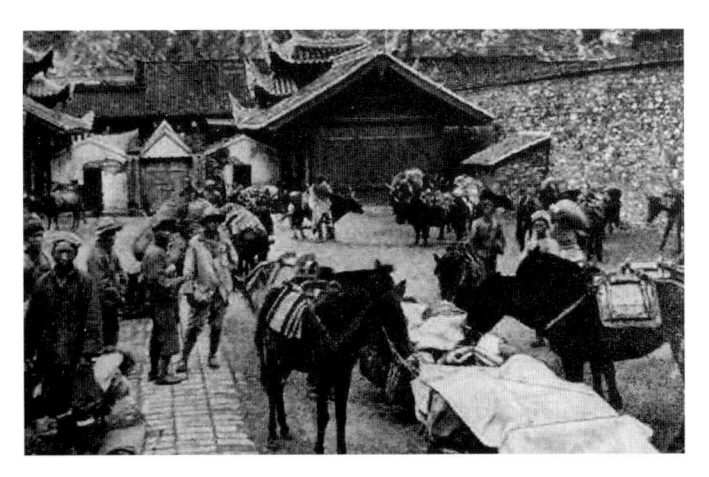

滇南马帮

茶马古道

有关云南茶马古道记述，洛克的文字，无疑是一份非常独特的记载。20世纪初，云南边城的风貌，从人文地理到生态景观，在疲劳至极的旅途之后，在夜深人静的油灯下，这个美籍奥地利人都把每天的所见所闻事无巨细地记录下来。

自1922年以后十年里，他的足迹遍布滇南、滇中、滇西、滇西北、滇东北的古驿道，更难得的是，除了文字，他拍摄的图片，为西南边陲留下了最珍贵的历史影像。

2014年，中国科学院的网站刊登了一篇有趣的网文，介绍洛克于1922年2月22日在景洪所拍摄的火烧花（Mayodendron igneum）标本照片。火烧花为紫葳科火烧花属小乔木植物，该标本现存于哈佛大学阿诺德植物园。据该文介绍："在西双版纳地区，几乎每个民族都食用火烧花，可炒吃、可煮汤，长期以来形成了外人难以体会的火烧花文化和感情。哈尼族将其称之为'啊茨麻哈能'，傣族则称之为'埋糯比'。"作者指出，西双版纳的老照片屈指可数，植物影像资料更难以寻找，不知何故，洛克并没有在思茅（2007年改名普洱市）拍摄大量的照片。

其实洛克在滇南，尤其是在思茅（今普洱市）和普洱（2007年改名宁洱哈尼族彝族自治县，简称宁洱县）停留期间拍了不少照片，这些影像如今都成了哈佛大学的资产，封存在历史的记忆中。至于美丽浪漫的火烧花,据洛克日记,1921年12月30日,在泰国清迈,也就是他出发的第一天,就采集了火烧花,标本序号1551。1922年2月22日,在景洪,"我发现了几株其他种类的蕨类植物和盛开着的紫葳科树,标本序号2556"。同一天采集的标本还有:水杨梅、江边刺葵、绣球花科的伞房花溲疏、澜沧风铃草。接着在3月27日,在今天镇沅县附近黑河东岸的小路边,又发现了火烧花,不过没有采摘。

近年来,经过德国学者艰苦的整理,茶马古道上的许多植物,只要查一下索引,我们就可从洛克日记中找到其大致的地理区位,比如这些"俏丽可爱,堪为谁怜"的火烧花。

洛克日记属工作笔记,一路上的山川、河流、土壤、道路、植被、建筑、民风民情都在纸上跃然,你看着他写情写景,突然间一连串植物的拉丁文名称腾地跳了出来,让人目不暇接,这位才华横溢的植物学家,就这样每天凭着山路上的记忆,还有自己脑海中对植物种类的认识,一字不落地记下来。

洛克在云南的考察日记,本身就是一本茶马古道的地理植物志,一本植物学科考指南,一本一百多年来的社会变迁和生态环境变迁史。

还是让我们回到 2 月的滇南，与洛克一起走进茶马古道的春天。

1922 年的西双版纳，生态可真不是一般的好，好得有点儿让人有些目不暇接。洛克一行，从打洛到勐混一路翻山越岭，茂密的热带雨林植物所呈现的多样性让植物猎手好生欢喜，各种各样的植物，还有他们发现四五十米高的"栗树王"，洛克得意地与玛森在树下合影。2 月 14 日，在勐混的一座佛寺，有一个一只眼睛失明的僧人告诉洛克，这一带白虎时常出没，洛克对此有所耳闻，但认为那是蓝虎，这大概是因为在 1910 年，美国传教士汉瑞·卡德韦尔（Harry Caldwell）表示自己在中国福建一带目击了蓝色的虎，他把自己的发现记录在《蓝虎》（*Blue Tiger*. Abingdon Press. 1924.）一书中。洛克知道，几年前劳尹·查普曼·安德鲁斯（Roy Chapman Andrews）在这一带猎过虎，安德鲁斯是美国国家自然史博物馆的动物学家，1916 年至 1917 年间曾在云南西南部考察，著有《在中国的宿营和行踪》（*Campus and Trails in China*）一书。僧人还说，四个月前，有六人在这里被老虎叼走了，玛森也证实，四年半前，有两个人大白天在路边躺着就被老虎咬死了。洛克禁不住也有些担心，他们这一路没有士兵护卫，晚上在日记中写道："我现在站立的地方长满茶树，大朵大朵粉红色的桃花也在盛开，还有无患子树（又名肥皂果树）、橙子树和棠梨刺，美丽的景色展现在我的脚下，群山环抱着棕色的稻田，缕缕炊烟如从火山中升起——那是过路的马帮在生火做饭。明天我们将穿越老虎出没的丛林和山丘，据说老虎在勐海，即我们的下一站，异常的活跃。"

2月15日，"今早离开般若康村，走的是下山的路，我们四处张望看有没有老虎，我手持柯尔特自动手枪，随时准备射击，还好，一只老虎也没发现"。

2月16日晚上在一棵大榕树下宿营时，洛克在日记里还一直提醒自己："这是老虎的丛林，我们必须非常小心！"

这些担心并非多余，传闻亦非耸人听闻，但确实从另一个侧面证明滇南当时原始森林茂密，野生动物的生存环境绝佳。一只雌性虎一般可以有20平方公里的领地，而雄性虎的领地则大得多，约为60至100平方公里，老虎有足够的空间生存繁衍。洛克一行除了要防备匪患，在"吊睛白额大虫"的家里

"做客"，必要的防备措施一点儿都不多余。

2月26日，洛克一行在勐养附近山上的一条小溪边宿营，因为这一带老虎很多，所以洛克的同伴们在夜里燃起篝火，不断地往篝火里添加竹节，让噼噼啪啪的炸裂声来惊吓老虎。洛克对巴尔先生晚上一直在打左轮枪浪费子弹很是不屑，认为烧竹子才是更有效也更廉价的方式。

传闻还真不是吹的，次日，即2月27日，在勐满附近的大渡岗，洛克在小径上遇到了扛着老虎皮的行人，行人说有猎户用鸦片烟毒死了一只老虎，这只老虎在离思茅（今普洱市）不远的一个小村子曾经咬死两个人和一匹马，他们用20块银元买下了老虎皮和骨头来做药。

对勐海的茶山，洛克也有详细的描述，2月16日，在从勐海去景洪的路上，他写道："最常见的灌木是茶树（标本号2469-Thea siensis 照片底片号30074），茶叶在泰国和老挝被嚼食。茶树上爬满了附生的崖姜。J. 史密斯更喜欢高的茶树。在云南，茶叶被用来做成饮品。我们在佛寺停留的时候，有几个挑夫带着木制架子进来搬运茶叶。据我观察，这些茶叶很粗糙，有一部分卖给了佛寺的住持。我拍摄了一棵野生的茶树（标本号2469，照片底片号30074）。茶树生长在有栗树和棠梨刺的丛林里，沿路的茶树似乎被培植和修剪过，树下的灌木也被清除了。"

西双版纳的村镇

1922年，洛克一行过境西双版纳的时间有二十多天，除了一些村庄的地名尚有疑问，大致路线是清晰的，所提到的一些人名也有据可查。这里不得不提一下这一地区在行政上的历史沿革。1913年，民国政府在车里（今天的景洪）宣慰司地设普思沿边行政总局、辖8个区行政分局，今勐海县境设有区行政分局（位于勐海县西）。1925年，普思沿边行政总局调整为普思殖边督办公署，分设8个区殖边督办分署。

2月15日，洛克一行抵勐海，据洛克的描述，当时的勐海由两个村子组成，一个是坝子里的汉人村庄，另一个是山边的傣族村庄。他们住在当地的寺庙，寺庙非常大，俯瞰着整个坝子，是自离开景栋后最大的寺庙，有50个僧人，但只有4个是真正的僧人，其他人都是些孩子，寺院有围墙，还有汉式的大门。在寺庙住下来后，洛克一行拜访了住在山顶上的官员，这名官员名叫李富廷（音），是傣族。

这座寺庙，有可能是曼短佛寺。据史籍记载，此佛寺始建于公元950年，距今已有1049年，是小乘佛教传入后建的最早佛寺之一。佛寺整体由大殿、戒堂、僧舍、佛塔和"窝苏"（八角亭）等建筑群组成。据洛克记述，第二天他在离开时拍了三张寺庙的照片。其中一张是从寺庙前面拍的，一棵菩提树旁有一队马帮在休息，对照曼短佛寺现在的照片和洛克拍的一张黑白照片，几乎可以断定洛克当年就是住的曼短佛寺。

令人称奇的是，在这边地的村镇，还有一间戏院："晚饭后我们去了一家汉人的戏院，戏院位于汉族村庄的街子中央，我们由当地年轻的汉人官员带着去了一家杂货店，老板坐在桌旁，下面生着火，我们由戏院的正门进去，汉人官员招待得很好，因为天很冷，我们很快与主人告别并表示感谢，戏院很简陋，表演也一般。很大的马帮把茶叶用篮子运进来。"

2月17日，洛克一行向景洪走去。在路上，他们遇到很多运盐、铅锭、茶和樟脑的马帮，马帮一般是结伴而行，带着步枪和刀。山路难行，在经过11个小时的长途跋涉后，晚上七点左右,洛克的马帮来到了景洪,迎接他们的是帕克(Park)医生和他的夫人。用洛克的话来说,就是"他们已经有两年没有见过白人的面孔了。他们有一个小男孩儿,约翰,他是在景洪出生的,另外还有一个女孩儿"。

玛森医生的行程就此结束,这个洛克频频提到的玛森医生,全名叫克劳德.W.玛森(Dr. Claude W. Mason)。1917年,美国长老会派玛森和彼贝(Mr. Lyle J. Beebe)等四人在西双版纳开设传教点,得到当时西双版纳首领召片领以及普思殖边总办柯树勋的认可,在澜沧江边划给他们一片土地,用以建盖教堂和医院、学校等。其中一位外传教士叫杜德(Dr.William Clifton Dodd.),他是最早来西双版纳开展传教活动的传教士,此人于1919年逝于景洪,他的夫人后来把他的专著《傣人》整理后出版。

据洛克记载,教会的院落位于去衙门的路上,院落三面是围墙,都配有瞭望塔,房子是用澜沧江里拾来的鹅卵石加石灰泥建成的。洛克不喜欢教会的院落,说:"看上去就像一座监狱。"

教会的石头房子,后来被景洪城区的傣族群众称作"洋人医院",官方则称之为"曼允教会医院"。从上世纪60年代到90年代一直作为《西双版纳报》报社的采编室使用。后来报社出资逐渐将其维修保护起来,成为市级文物保护建筑,现在是一间名为"1920艺术馆"的展馆,原来的围墙已经拆除。

抵达景洪的当天,洛克去拜会了当地的官员,议事庭的"召景哈"(Chow Haw),召景哈在名义上是傣族头人"召片领"(ChowF)的助手,但实际上是当地的实权人物。洛克晓得召片领只是当地的二把手,召景哈才是老大,到景洪一周之后,2月23日才去拜访的召片领刀承恩。按洛克的描述,刀住的地方是一个长形谷仓一样的房子,楼下养了猪和马,到处都是厚厚的粪便,"他给我们上了茶,但我们出于礼貌,几乎要把它倒掉。我们去了景洪最大的一个佛寺(Wat seri Chawm muang),我们遇到一个很和善的老僧,他在这已四十年,他以一种很优雅和令人愉快的方式送了我一尊铜佛像"。

洛克与召景哈倒是相处愉快,在离开景洪前一天还请召景哈到教会吃饭,他们通过一个很好的翻译交谈,相谈甚欢,以朋友相称,许诺派人护送,还给在思茅(今普洱市)的"道台"写了一封介绍信。2月25日,玛森医生到澜沧江边的渡口为洛克送行，这时召景哈差人送来了火腿和香肠等礼物。让15匹驮运的马和两匹坐骑渡过澜沧江，一共花了洛克五块钱。

洛克在景洪的一个多星期主要是在澜沧江两岸采集植物标本。然后继续经勐养、普文前往思茅（今普洱市），一路上，看到脏乱的村庄，他就禁不住"渴望一间舒适的房子和文明人的平常享受"。但看到脏乱的东西呢，他又会忍不住拍上两张照片。

普洱的学校和盛宴

20世纪初的思茅（今普洱市）是什么样子？边地影像资料的匮乏一直以来是地方史料的一个薄弱环节，随着洛克当年在思茅和普洱（今宁洱县）拍摄的一批老照片浮出水面，人们才知道，原来思茅和普洱的老城是这样的。更难得的是，洛克好奇的眼光总是落到一样人们觉得普通平常没有必要去记录的东西——少数民族的服饰、街景、学校、矿山等等。拿着美国农业部的经费，洛克做了许多与寻找抗病毒栗树种子无关的工作，却为当年中国的边疆留下珍贵的历史图像和经济、社会、文化的直观描述。

途经普文、麻栗坪和一个名叫班曼的小村子，1922年3月3日，洛克的马帮进入思茅（今普洱市）坝子："广阔的稻田在我们面前伸展开来，铺着石头的小径一直穿过稻田的中央。思茅的白墙黑瓦的房子在落日的余晖中闪着光。有一条宽阔的石板路通向了思茅的城边，当我们看到'福音堂'时，我们停了下来，这里是丹麦教会的住地，我们敲了敲门，一个面容和蔼的汉人开了门，并叫了彼得森小姐（Peterson）过来，这是整个思茅唯一的教会。她盛情地接待了我们，让我们感到舒服自在。我们抵达思茅的时间是下午四点半。"

到思茅（今普洱市）的第二天上午，洛克去拜访了海关官员卡萨蒂（Cassati）和帕特森（Pattison）。卡萨蒂陪洛克去拜访了思茅的"道台"衙门，恰好道台不在，于是又等到下午再去拜访，并受到热情接待，被迎到上房喝茶、喝香槟、吸烟、吃蛋糕。道台告诉洛克，他的通行证已由云南省督军签发，可以一路通行无阻。欢叙之后，这位道台把洛克送到大门口，作揖告别。

洛克没有提到这位"道台"的名字，这位官员应该是柯树勋，时任普思沿边行政总局局长，1925年，"普思沿边行政总局"

奉令改为"普思殖边总办公署",柯任总办。柯于1926年死于景洪任所,死时家无余财。

洛克在思茅(今普洱市)待了十天,大概是玩儿得兴起,有五天连记日记的工夫都没有,在城里城外拍了不少图片。其中,送棉花的马帮在海关前排成了长队。当时的思茅,为云南三大海关重镇之一,曾有"东南亚陆路码头"和"银思茅"之称。清光绪二十一年(1895年),清政府与法国签订了《中法界约及商约》,思茅被辟为通商口岸,英、法两国在此设立海关,派任官员。在思茅的繁盛时期,城区有22条街道,有茶号二十余家、银铺四十多家,人口在7万—8万之间,运货的马帮云集此,思茅在1914年至1926年,还是普洱道署驻地,是集行政商贸于一身的滇南重镇。但从20年代中期后,疟疾流行,1926年普洱道署为避瘟疫,由思茅迁回普洱(今宁洱县),商号茶庄也陆续迁往倚邦、易武、江城、勐海,这座繁华的边贸城市凋零成荒芜的村落,老虎常常跑到长满蔓草的街上来,1949年思茅解放时,坝区人口已不足2000人。

3月6日,洛克还拍摄了在思茅(今普洱市)街头的佛诞活动:"今天思茅的佛像被抬了出来,举行了一次大的巡游活动，游行队伍的最后是一尊绣花伞下的大佛像，在吹乐手和念经和尚的簇拥下，佛像被抬着在华盖下行进。照了很多照片，男孩儿们在优雅地舞动一条蓝色的长龙，长龙在空中上下翻飞。游行是为了纪念伟大的佛祖，士兵和官员参加了游行，后者吹着哨子，让士兵们步调一致。"

在彼得森小姐的陪同下，洛克还去了思茅（今普洱市）的一些传教的村子和东山，洛克还留意到思茅周边有许多墓地，当然，采集植物标本是必然的功课，如采集了香椿的标本，此外，还邮寄了植物的标本、种子和底片回美国。

3月13日，洛克一行在四个士兵的护送下离开思茅（今普洱市）去普洱（今宁洱县），途中在距普洱60里的那柯里村停留，小村只有一个马厩可供他们过夜，马帮不得不在一条小溪边宿营。那柯里是茶马古道上的一个重要驿站，遗址至今保存完好，古驿站依山傍水，风景秀美，现已成为普洱市一个著名的旅游景点。

在那柯里通往普洱（今宁洱县）的路上："一条灌溉渠沿着小径在山谷里蜿蜒曲折，植物稀少，所有的植被已被砍掉，山坡被昨晚的一场大火烧过,现在还在山上冒着烟。"洛克指的应该是刀耕火种的山地。

洛克一行从普洱(今宁洱县)城南门入城,"街道铺得很好,但是并不陡,士兵们想让我们去住旅店,但我们去了福音堂,并由一个汉人教徒带我们去了一座佛寺,但每个房间都停满了棺材,有的停放在稻草上,死尸待运。我们可不想住在停尸房里,于是又回到教会挤到一楼的一间小房子里。我们付钱把士兵打发走,想舒服点儿,可办不到,三个汉人来访,其中一人是师范学校的老师,一人是警察局的头儿,还有一个是电报局的主管,我们聊天聊得很晚,老师同意明早带我们去见普洱的官员"。

第二天,马老师带洛克参观了师范学校,并受到各位老师和校长的欢迎,洛克很吃惊,普洱(今宁洱县)有这样一所学校真是了不起,普洱为学校提供大力支持,不收学费,为学生提供书籍、衣服和膳食,他们甚至教英语语法和对话。有一座楼是化学和自然史楼,在老师的风琴伴奏下,洛克观摩了音乐课,唱的歌是一首关于春天和樱花的诗。学校的校长在日本长大,穿着在日本购的西服,帽子太小,领子看上去很长时间没有洗过。头发剪得像日本的洋娃娃。洛克为毕业班的学生,还有约三百个男生在操场上留影。

两天后,洛克还在普洱师范为学生们客串了一堂英语课,洛克说:"这可是这所学校历史上第一次有个美国人来为孩子上课。男孩儿们非常感兴趣,其他学校也有老师来参观,我给他们讲美国、夏威夷、爪哇、印度、缅甸,还有我从泰国到云南来的行程。"

接着,洛克又从普洱师范被唐校长请到了普洱高等小学,洛克对唐校长这位和蔼可亲的绅士钦佩至极,洛克用英文对学生们发表演讲,演讲随即被翻译成汉语。

烟和茶侍候完毕,洛克为小学生们拍了合影,"他们是一群非常爱国的人,旗帜校旗已准备好,学校展现了良好的精神面貌,这所学校建于光绪三十一年(1905年),现在有149个男生,注册学生共160人,学校是由地方官胡璧所建,有六位老师,每人工资不多,每月是十七元(云南半开银元)。学校的校训是真理和劳动。学校为家住城外村子里的学生提供住宿和膳食,住普洱城(今宁洱县)的孩子回家住。能发现这样一所生机勃勃的学校我真的感到很吃惊,这里的人非常上进和快乐。教师们非常出色。午饭后,我外出拍了几张照片,像往常一样,一群人总跟在后面。我照了南门和西门"。1922年,在普洱师范和高等小学就读的学生中,后来有不少学生成为中共党员,如杨正元、卫秉礼等。我的小学也是在当时的普洱县(今宁洱县)宁洱镇小学就读的。

当晚洛克与普洱(今普洱市)所有的二十位教师们一同晚餐,虽然没有将军的饭局那么丰盛,但教师们的热情好客让洛克感动,他们一起谈论中国,洛克更是向教师们问了数不清的问题,比如普洱的人口,有1100户,每户平均五人左右。还有普洱的少数民族哈尼族、彝族、傣族、瑶族等。

洛克对普洱(今宁洱县)的教育赞不绝口,但普洱县长给洛克留下的印象简直是糟透了,觉得他装腔作势,自命不凡,像个"首席女歌唱演员"(恃才傲物者)去上厕所,在照相时,站着像尊雕塑,喝多了酒的他突然晃了起来,搞得洛克生怕照片照花了。

普洱府(今宁洱县)的"刘"将军,倒是给洛克留下非常好的印象,说他自己曾在美国待过,说四个士兵护送是不够的,同意派更多士兵保护洛克马帮的安全。

在普洱(今宁洱县)的老一辈人都知道,将军姓"柳"不姓"刘",洛克在笔记里留下了一个大大的汉字"刘",真的是听错了,外国人嘛,要分清四声可不容易。

柳灿坤将军(1887—1951)是现在普洱中学的著名校友,普洱县(今宁洱县)宁洱镇人,是云南早年参加同盟会的人员之一。清光绪三十四年(1908年)公费留学法国、比利时,为同学会负责人之一。同年,在新加坡加入同盟会。民国八年(1919年)毕业于比利时列日大学。回国后应冯玉祥将军聘请,到河南巩县兵工厂从事军事工业,任炮兵工厂主任兼工程师,为中国早期的机电、军工、炸弹专家之一。民国三十年(1941年)2月,受留法同学、云南大学校长、中国著名数学家熊庆来之聘,到云大任教,先后任云大工学院实习工厂主任、代理工学院院长等职,是以熊庆来为杰出代表的最早的"中国七人数学学会"成员之一。柳灿坤作为普洱土生土长的精英人物,人们至今所口口相传的却是他年轻时与一位法国女子的一段情缘。

3月16日，在游完普洱（今宁洱县）的西门崖子之后，洛克参加了一场由柳将军为他主持的宴会。据洛克记载，柳将军当时刚从四川回来不久，他在一次战斗中负伤，差一点儿把命给丢了，于是设法逃回老家，取代了马将军成为当地的实权人物。柳将军的这场盛宴一定给洛克留下了深刻的印象，这是他来中国后第一次见识了官宴的排场和丰盛："在沙先生的陪同下，我们来到了柳将军家，士兵向我们敬礼并大声说'欢迎'，府门大开，我们进入一个更大的庭院，我们被送到了客厅，地上撒满了新鲜的松针和松枝。上茶之后，我们品尝了糕点、板栗、瓜子和松子。相互恭维后又谈论起时政来，如华盛顿会议等。上汤之后，又过了五分钟，我们来到了地上同样铺着松枝的餐厅，柳先向我敬了酒（客人为尊），大家按官衔的大小依次敬酒。倒葡萄酒的时候，柳指了指他的座席，示意大家敬酒。丰盛的晚宴有十六道菜，每次上四个菜，菜凉后又再换菜，有炖鸡肉、炖青蛙腿，还有许多味道鲜美但不知其名的菜。白色的甜酒和橙色的甜酒分别盛在玻璃杯和银杯中呈了上来，主菜吃完后又上了清甜可口的荔枝，但米饭和鲜美的汤最后才送上来。宴会结束后，又回到客厅饮茶和享用水果零食和香烟，主人柳将军是个性情恬静之人，谈吐高雅，与那个神经分分、歇斯底里的地方官李先生真是有天壤之别。"

同样是这个李先生，在3月18日一大早亲自来为将要离开普洱（今宁洱县）的洛克送行，在洛克的日记里又变成了一个"非常容易相处、非常好心和令人愉快的人"。李先生送了洛克一行水果罐头、勐海茶和两大听大盒装的香烟。吃人嘴短，日记里也不好意思再那么刻薄人家。

在1922年洛克的行记里，普洱地区（今宁洱县）无疑给他留下了深刻的印象，知书达礼、见过世面、通晓洋务的官员，有一定水准的地方教育。能与当地社会精英频繁互动，好感渐生，这在洛克的行记中难得一见。这大概与当地社会经济的发展水平有关，思茅（今普洱市）当时已是商贾云集的口岸，普洱也是一座井然有序的小城，在距普洱不远的小镇磨黑，其盐矿是当时滇南重要的财税来源之一，洛克对这个盐矿小镇描述甚详，为我们留下了宝贵的社会调查资料。

磨黑地名来自傣语，傣语"磨"就是井，"黑"是"格"之变音即盐，意为盐井。护送洛克一行的士兵有六人，来到磨黑投宿时，洛克嫌弃条件简陋的"马店"，没办法，最后在盐务办会计柯先生的帮助下，在盐务办的小院子里找了一间房子，在把房间的常住户和设施——鸡和鸡笼清除后，洛克才能入住。

柯先生能说很流利的英语，在他的陪同下，洛克亲自冒着危险深入矿井，考察井矿盐的开采和煮制流程。据洛克记述，盐矿的竖井位于小镇主街的西边，有一百三十多米深，小镇里煮盐的大锅有 26 口。矿井的入口是一间小房，因为矿井里很热，所以下井前要先脱去一些衣物。"入口非常小，一条很陡的小路直达地下深处，隧道的顶部则由木头支撑，拾级而下三十多米小路转弯，螺旋抽水装置放在水池里，矿井里没有任何的清洁设施，空气十分污浊，工人们赤身裸体工作，我们遇到一些赤身的生灵，身上背着两袋矿石，一袋在前，一袋在后，一个壮汉一天可以背 200 斤矿石，工作六个小时，一斤等于英制的四磅，平均工资是每月 8 元（云南半开银元）。那些从早上七点挖到下午一点的人，平均工资是 15 元。他们身上什么也不穿，甚至是一条绳子也没系。"

一个美国农业部临时外派的植物采集员工，其好奇心已经超越了他的本职工作，成了一个社会学家或是特派记者，在中国的边疆调查盐业生产情况。据洛克的观察日记，整个磨黑盐矿雇用了一两百名矿工，但大部分人只工作半年，其余时间在家照看农田。在潮湿的季节，矿工的工作时间是四小时。挣多挣少取决于背了多少矿石。背出的矿石在称量后交给煮盐工人，下午一点后，把卤水从矿井中抽到卤池里。在洛克看来，磨黑夹杂紫色土壤的盐矿石是品位很低的贫矿，盐矿石在平底水池中放置两天后溶化，澄清后运到盐锅里煮制。一块180磅（约81.65千克）重的锅盐要煮两天一夜，在磨黑周边的山上，因为熬盐的需要，许多树林已被砍得一棵不剩，无法自然再生。每块锅盐价值10元，煮制工作在政府的监管下分包给私人资本。每块锅盐政府抽税3.5元，煮盐工得二毛五。洛克为我们留下了磨黑小镇的远景以及盐务局门口堆满锅盐的图片，从照片来看，当时磨黑盐矿的生产仍处于非常原始的状况，盐务办的房子还相当的低矮破旧。

磨黑往北的下一个驿站是名叫磨波的小村子，令洛克吃惊的是，居然能在这里遇到一个能说流利英语的汉人，此人是磨波小学的老师，在昆明时曾跟一个美国老师学过英语，他把洛克迎到了他在小学的宿舍里，在黑板上给洛克写了一首拜伦的诗，小学有30个来自各个村子的学生，磨波很小，整个村子也就是几间房子。令人难以想象的是，磨黑及周边的教育在民国初年已经有一定的基础，到抗战时期，还招来了不少英才。

1941年，独霸磨黑的大盐商张孟希兴办磨黑中学，到昆明招聘教师,西南联大的学生吴子良、董大成是中共地下党员,他们将计就计,到磨黑开辟地下工作的秘密据点,并利用张孟希喜欢附庸风雅的心理,以上好的火腿和鸦片烟"云土"为聘礼,请来了西南联大中文系的刘文典来磨黑捧场,此外还在联大聘请了萧荻、郑道津和许翼闽等西南联大学生为磨黑中学教师。磨黑至今还保留有张孟希在抗战后期兴建的大型私宅"走马转角楼",它与磨黑中学,还有著名演员杨丽坤的故居一道,成为磨黑古镇重要的人文景观。

瘴气弥漫的山谷

1922年3月21日,洛克一行离开磨黑,越过蛮巴河和麻梨树,来到兰嘎村,在兰嘎村附近有一条河叫蛮别河,河上有一座独木桥,在这里,洛克一行第一次与土匪打了个照面,与洛克随行的士兵突然间推弹上膛,把枪瞄准一座小山头。在士兵叫喊的同时,洛克看见了有几个人消失在山头的一堵墙背后,士兵们认出了这些人是强盗,洛克赶快往回跑,告诉巴尔先生及马帮小心土匪,并占据有利的射击位置,洛克一行有6支步枪和两支手枪,这伙强盗据士兵们估计有15人,已经盯上他们有一段时间了,但发现马帮人数太多才没动手。一个士兵告

磨黑至孔雀坪的古道，孔雀坪是这段道路上最大的驿站

诉洛克，不久前士兵们才在这个地方与土匪们打了一战，枪战中有一个人被射杀。

洛克选择到黑河（把边江）边的蛮连住宿，在戴维斯少校的地图上，这是一个很大的地方，但洛克发现，这个地方已被荒弃，只有一户人家，"如果有一个地方像坟墓的话，这个地方就是蛮连，只有一间屋子有人住，其他的不是塌了就是空了，我们也没有什么办法，只有住在一间以前士兵住过的破房子里。我们把行李堆在漏雨的屋顶下，让自己住得尽量舒服些。虽然新增加了四个士兵，这四人合用一条枪，真打起来不能指望这些士兵"。

除了匪患，还有一样东西让洛克感到不安——瘴气。在洛克点缀着中文词汇的日记里，并没有用"瘴气"这个词，而是直接用的"毒气"。作为一个在东南亚闯荡过的植物学家，应该是知道疟疾厉害的，从泰国北部到滇南，尽管不时有人出钱向他买奎宁，但他一直不愿卖。但是"瘴气"的内涵比疟疾要复杂得多。

与洛克随行的马帮对此应是非常熟悉的，云南是历史上著名的重瘴区，瘴气作为古代的疾病地理概念，主要与南方气候、植被和地貌有关，它不只是简单的雾或尘霾现象，据地方史料记载："夷方山路箐深林密，人烟稀少，轿马多不能乘，日则斩棘步行，夜则宿野，兼之谷林草花，巨瘴盛起，较之夏令更甚，以致人马受瘴，死亡甚多。"

洛克一行离开磨黑后，沿黑河（下游叫把边江，上游叫川河）河谷向上游走，而黑河河谷地带，也即镇沅、景东一带，据史料记载，这些地方自古就是"山险多瘴"。

3月23日，在黑河河谷的一个高坡上，洛克看到："有几座孤零零的房子，人们已经从那里逃了出来，毒气从地上升起，笼罩在整个山谷里。"乌云密布，雷声响动，眼看天气变坏，洛克一行不得不在"旧毒菁"边的一个小村停了下来午餐，这时空气越来越让人感到压抑，每个人都开始头疼起来，洛克本人也感到了紧张和心悸。洛克一行躲到一个可怜的寡妇家里，房子是泥屋，两面半开，风雨吹了进来，妇人正在一口巨大的浅铁锅里酿一种混合了苞谷和稻米的酒。她身边只有一个小女孩儿，父亲死时小女孩儿才三岁。这是洛克自离开清迈以来遇上的第一场雨，电闪雷鸣之后，空气仍很糟糕，洛克感到耳痛，太阳穴也有一种压迫的感觉。地上升起的毒气使每个人都感到压抑，洛克一行雨停之后马上出发，离开这瘴气之地。

从洛克的描述来看，每个人都有头痛和呼吸困难等症状，瘴气是客观存在的一种自然现象，在一个地形复杂多变的地理空间，冷热变化急促，生物种类繁多，微生物繁衍迅速，这些都是"瘴毒"之源。

云南各地自然地理状况复杂、垂直落差大，有最适宜人类居住的气候类型，也有冷热变化无常的瘴疠之地："滇南地列坤隅，……省会之区地势开扬，四时协序，气候尤和。两迤迢遥，每各殊寒热。北鄙风高，故丽江大寒，有常年不消之雪；南维低下，故元江大热，有一岁两获之禾。普洱（今宁洱县）、镇沅时有炎蒸瘴疠，鹤庆、永北亦多飞雪严霜。倘甸、蛮耗则炎蒸瘴疠，较县坝为热，亦犹元江、普洱、镇沅也。"

但山道难行，瘴疠之险，挡不住熙熙攘攘逐利而来的马帮。

当天洛克一行抵达新抚，新抚的孔庙建得很好也很安静，洛克一行因雨在此多停留了两天，并拜访了当地的地方官王先生。在新抚时正遇上赶街子:"有一大队藏族马帮正在去普洱(今宁洱县)买茶的路上,勐海来的茶,也就是那些野生茶我曾经在勐海拍摄过。茶叶干燥后,被包在竹子编的包裹里运到思茅,在思茅(今普洱市),又把这些茶叶通过手工分拣,分包成直径八英寸、长五英寸高的圆形茶饼。这些藏族马帮每年来普洱和思茅买一次茶,马帮数量多达三四百个。"

新中国成立前,茶马古道上的藏族马帮以勇猛而著称,马帮的队伍也比较庞大,沿途的土匪几乎不敢招惹他们。3月28日,洛克一行在离开恩乐时,"没走多远就遇到一个从西藏来的大马帮,马和骡子多达500匹,所有藏人戴着珠串和玳瑁耳环,大多数人有步枪,枪口盖着红布。这些人穿着羊毛衣服,或是牦牛皮绒毛朝里的夹克。骡马上驮着草料和藏人的给养,烟熏猪肉的毛尾巴伸向空中。我们必须伫立在路旁,直到他们完全通过,驿道实在是窄到无法让两队马帮同时通过"。

黑河河谷虽然是瘴疠之地,但同时也是物产丰饶,多民族杂居的奇风异俗之地,洛克在途中仔细描述了所见的榨糖和熬糖的作坊,还有景来河边的树棺葬:"小路沿着河床而行,然后又爬上陡坡,我经过一片树林,树上有新放上去的棺材,棺材上压着一块大石头。显然，在世界上的这个地方人们是这样埋死人的。在山岭上我嗅到了一点点儿的臭味。"

从景东到下关的沿途古迹

复原当年洛克所走的驿道，从产茶地思茅（今普洱市）、普洱（今宁洱县）又一直向北经过镇沅、景东、南涧、蒙化（巍山）、下关到大理，大概的路线是清晰的，即沿着黑河河谷向北走（下游叫把边江，上游叫川河）。洛克所依据的戴维斯少校云南地图，其实非常粗略，并不准确，从洛克对汉语地名的标记来看，应该还同时携有中国版的地图，古老的茶马驿路一般都是曲曲弯弯的羊肠小道，有数不清的岔路，走这些陡峭难行、坑坑洼洼的"驴子路"，还得靠识途的马帮和护送的士兵，他们对哪里有土匪出没，哪里有可以补给的村落更加熟悉。

从恩乐、新街、者后、南马街（又名蛮马街）、蛮窝到景东，然后经龙街、鼠街，穿过无量山谷一直到猫街、牛街、新街村、阿克塘村、篾笆哨，最后一直到抵南涧。很多村镇地名，在经过一百多年后，已经有所改变，同一区域内，有时会有许多相同的地名，定位不慎就会偏离几十公里。

去南马街的路上，洛克在川河边看到了九层佛塔，当地人叫的文笔塔，塔旁边是一个用砖石砌的神龛，里面是建造佛塔的记事碑。佛塔前的石碑上写着"开宏弟甲"。南马街的入口是一个石头城门，一块石碑左边刻有"魁文"二字，中间刻有"元解"，右边刻有"魁二"，碑文写道，碑立于清朝嘉庆十二年春（1807年4月）。

3月30日，在从蛮窝到景东的驿路上洛克发现一块直径达一英尺（30.48厘米）的陨石，这块陨石置于一堆普通的岩石上，前面摆着香炉和香火，显然是当作神来供奉。路上同样有一个佛塔，高七层，塔尖上长着小树，塔左边的大榕树下有一块石碑，记述塔建于乾隆四十五年（1780年）。在佛塔旁洛克采集了带着叶子和红色果实的樱桃树标本。在穿越一片稻田，过了一个小桥，又爬了一段山坡后，洛克一行来到了景东的城郊，左边的小山上有一个森严的城门洞通向了县衙门，又走了不远，终于来到美国五旬节教会在景东的驻地，教会的负责人是玛斯顿夫人，虽然同为美国人，但她对洛克似乎并不友好："她冷淡地接待了我们，一群人围了上来，把这个寒酸的小院落挤得水泄不通，一只鹦鹉被吓得尖叫，玛斯顿夫人穿着汉人的服饰，问了一串尖锐的问题，第一个就是我们是不是基督徒，然后才让我们进去。警察局的官员也来了，他也是一个没有教养的人，但是在听到我不是教会人员后，他把我带到街道尽头的川主庙安顿下来，问题是我的马帮还没有跟上来，我身上没有带着名片和证明，从新抚来的官文和文书也还没有过来，所以他们认为我们只不过是普通的旅客，然后让我们住到一个简陋的旅店里。所有的接待，玛斯顿夫人和官员的接待，怎么说呢，算是友好的吧。"

第二天一早，洛克去拜访了玛斯顿夫人，洛克觉得她是一个古怪的人，拒绝一切医药，相信圣灵疗法。玛斯顿夫人告诉洛克，所有景东人都对外国人不友好，并试图把她赶走，她已在景东待了三年，但仍没有什么信众。去见县官时，玛斯顿夫人充当翻译，县官对洛克很友好，但对她却很冷淡。县长告诉洛克，他建议经大理到腾越，并将派二十个士兵护卫，在过去三年里，洛克一行是第三批路过景东的欧洲人，县官似乎对外国邮局和电报等等外来事物搬出景东迫不及待。不只如此，第二天，县长去寺庙看望洛克时，还一再劝他不要去无量山，因为无量山上有很多强盗，还客客气气地劝洛克去大理。据县长介绍，景东种有七万公顷甘蔗，景东河谷有三万人口，整个辖区内有二十万人口。

洛克一行在景东前后总共待了六天，洛克尽量待在驻地整理植物标本和冲洗照片，因为当地邮局无法清关，所以无法将标本寄出。当然，为了招待洛克一行，玛斯顿夫人还请了当地官员来吃中国菜，洛克觉得饭菜很寒酸，中国客人被劝来劝去，才勉强动几下筷子。饭局又没有酒喝，连洛克都知道"无酒不成席"，晚餐后，喝了点儿咖啡，吃了点儿蛋糕，洛克才感到果腹。

玛斯顿夫人在景东总共待了七年，她对周围的人也都很不友好，景东至今还有人记得这个外国老太太的种种怪癖，她每次吃饭都要在玫瑰花园里，一边赏花，一边用餐。

有趣的是洛克住宿的这个被他记为"四川庙"的地方，洛克记下这个庙是为纪念"万天川主宗"，川主，即灌口二郎神、二郎神、万天川主，是流行于中国巴蜀地区，以及其他巴蜀移民聚居地的重要民间信仰，起源于唐朝及之前四川地区对于秦蜀郡太守李冰的信仰崇拜，在川渝之外的川主庙则同时还兼有川人会馆的功能。

没去爬无量山应该是洛克的一大遗憾，现在无量山的樱花谷已成滇南的一大胜景。但洛克沿途所到之处，凡是有文物遗迹，比如寺、塔或是倒在地上的一块石碑，都会引起他的注意，如一块半埋在地里的石碑，他会去记一下，哦，这是乾隆五十七年三月十三日立的（1792年4月15日），在考证洛克行进路线时，这些遗迹又会成为重要的参照物，比如鼠街和猫街之间有一个名叫石洞寺的地方，"黑河拐了个弯从左边流去，石洞寺河从右边流过来，在小山中间有一块石灰岩的悬崖，里面有一些石洞，有两个石洞面对着庙的入口……一个小庙有两层，分三个部分，中间是个黑色的洞，是看庙的人睡觉的地方，左边坐着一个样子很凶的黑胡子神像，上面写着'财神殿'，右边放了几个女神像，男神像放在侧面的墙上"。沿石洞寺后面的山路一直可以走到猫街村。

洛克所说的鼠街，英语地图上标的是"鼠街"，汉语地图上标的是"猪街"，这个鼠街，就在今天的安定乡，如果按猪街去找，又是几十公里外的另外一个地方。石洞寺位于塘坊村北面，据传修建于清康熙五十七年（1718年），由景东世袭土知府陶淳倡建。嘉庆二十四年（1819年）加以修缮，升高殿基，扩展地势，扩建新魁阁楼。1950年，部分建筑拆除迁去建学校，1984年由信徒集资部分修复，后又逐步修复。

从鼠街到猫街，洛克的马帮一天之内走了七十里，让他们在鼠街雇的骡马和马夫疲惫不堪，当晚就作鸟兽散了，但在猫街又不容易找到马匹，于是只有去雇彝人挑夫，抄近路赶往南涧，这一路用洛克的话来说就是："除了石头、石头、石头，啥也没有。"一路都是山石险径，这一天又急行八十里，终于赶到南涧县城，住在宽敞的孔庙里。士兵们出去买鸡和鸡蛋，把水和柴火挑到山上的孔庙里，洛克让人去送名片，一小时后一个年轻的官员随即来访，态度非常友好。连续两天的急行，让人困马乏的洛克一行不得不停下来休整一天。

4月9日一早，洛克拜访了衙门里的官员，受到礼遇并与之茶叙。当天是当地的集市，街上豌豆、蚕豆、玉米、甘蔗摆满了街边的摊档。洛克爬到孔庙的后山，照了两张南涧镇的照片，另外拍了两张俯瞰蒙化河与南涧河交汇，然后流入红河的照片。洛克注意到，孔庙旁另外还有一间小庙，庙里有一些很滑稽的神像，在门口两边各有两个牵马的塑像，在另一间房子里有一块八到十英尺（约2.44～3.05米）高的大石碑，其他都很小，最大的石碑立于康熙元年（1662年）元月，宣扬教化敬神，小的一块石碑立于道光年间（1821年），描述当地的行政区域，有一块石碑则立于乾隆三十年（1765年），洛克觉得这些石碑很有趣。

然后洛克一行沿着红河上游的礼社江河谷，经平安哨、大平地、白银寺、各旧么、小李泽、梅海底、洗澡塘、三古旁、殿尾厂等小村子，4月11日，洛克一行进了蒙化厅坝子，来到距蒙化厅三里有一座大型佛塔，佛塔顶上长着一棵巨大的梨果仙人掌。

蒙化厅位于平坝的中央，城的四围是城墙，洛克一行在远处就能看到城中突出的房顶，"我们走过一段干涸多石的河床，河上有一条铁索桥，但我们没有去用它。城墙外有几幢房子，主城门是用25英尺（7.62米）厚的坚硬岩石所筑；街道宽阔，房子反而显得矮了，街中央有一座塔一样的建筑，我们向左转，经过一个军营，有人向我们敬军礼后我们被护送到武庙，人群又围了上来，做各种怪动作，现在是晚饭时间，我恨不得把他们赶走"。

4月13日，洛克一行涉过巡检河，河两岸到处都是罂粟田，经大坪地和瓦窑村，来到一片开满杜鹃花的山坡，洛克看到路旁有一具白色的骷髅，据说是一个被杀的土匪，尸体被扔在那里一直到高度腐烂。从蒙化厅到下关的这一段山路崎岖的驿道，是商队马帮来往的要道，也是土匪出没的地方，据说有一百多个土匪躲在附近的山上，专干打劫的营生，洛克一行在路上遇到了许多运盐的马帮，护送洛克的士兵一路上非常警惕，睁大眼睛，生怕成为土匪的盘中美餐。为防土匪打劫，军队甚至在这里设立了哨所。瓦房哨是一个哨所，哨所位于一条小溪边的平地上，用洛克的话来说就是"围墙矮得可以跳过去"，这个山口狂风呼啸，路边有几间脏兮兮的茶棚，趁马帮停下来煮午饭的间隙，洛克进去一探究竟，发现这些士兵都在躺着吸食鸦片，洛克认为这个营垒选址不当，空阔处没有遮挡，步枪火力从一个小山上就能覆盖整个营盘。尽管如此，离营盘不远处，还是有几个士兵躲在灌木丛中的火力点进行警戒。

越过中和山，开满杜鹃花的山坡美不胜收，远处是一望无际的洱海，可惜有薄雾，所以没有拍照。进下关后，天开始下起了雨，洛克一行沿着一条陡峭湿滑的石板路经过一个污浊的、"苍蝇数以百万计"的集市。

下关镇的尽头是一间学校，士兵觉得最好在此投宿，洛克觉得学校的人满怀敌意，不好好接待。于是他很生气，表现得有些书呆子气,"我马上离开,把自己名片送了进去,我在名片上写着,他们这些人,对孔夫子的教诲根本一无所知。大雨滂沱,我们又回到了刚才路过的那间孔庙,在这时我们找到一个安静和令人感到愉快的地方来安歇,今天的行程很艰苦,翻过了许多高山。整夜狂风大作,电闪雷鸣,大雨瓢泼。"

通行令旗

有关云南茶马古道的记述,洛克的文字,无疑是一份非常独特的记载,20世纪初云南边城的风貌,从人文地理到生态景观,在疲劳至极的旅途之后,在夜深人静的油灯下,这个美籍奥地利人都把每天的所见所闻事无巨细地记录下来。

爬苍山观洱海

在下关休整一天后，4月15日，洛克一行慢慢向大理走去，与之前每天狂奔七八十里相比，这是一段相对轻松的行程，只需走二十五里地，而且平坦宽阔，道路两边是一片片的麦田和罂粟田，再往上的山边是一座座的墓地。洛克憎恶鸦片，他用讥讽的语调写道："罂粟地和墓地紧挨在一起是最合适的安排——从鸦片一脚就可以踏进坟墓。好多人安息在那里，如果他们没有成为这种可怕恶习的奴隶，今天也许可以享受着上帝的阳光，美丽的空气，鸟儿的歌唱，连绵的群山和大自然所有的胜景。"这一段路上行人来来往往，交通繁忙，这段时间正逢大理每年举办一次的"三月街"骡马会，洛克看到，大路的左边有一座十三层高的佛塔，塔尖已经损毁，路的右边，洱海平静的水面上白帆点点，"我们遇到很多部队，是第十八团的士兵在行进，路上的几百人戴着大帽子，身着蓝色，应该是天蓝色的油腻腻的衣服，胸前系着蓝色的带子，有的带子长得一直飘到膝盖"。

进城前，洛克顺路参观了观音寺，来观音寺的香客很多，门口有不少的小摊儿小贩。在这里，洛克拍下了那张为人们所熟知的三个士兵的照片，"我们进到一个庭院，在池塘的中央有一个大理石的神龛，池子里金鱼成群。我在这里为我们的三个士兵拍了照。后院是一个大庙，里面有许多佛像，同一个院子，有一间房子里有著名的杨将军的塑像，在过去，他是大理的大恩人，我照了一张这座雕得很好的塑像，据说跟他本人一模一样。离观音庙不远处，是二十五英尺（7.62米）厚的大理城门，我们穿过城门，在围墙前面，有士兵在站岗，这里是将军衙门，在古代，这是傣族统治者的王宫。我们经过著名的钟楼——五华楼，沿着细长的主街，在城门口遇到的士兵，把我们带到了位于西门的弥陀寺，我们的住处"。

洛克所说的观音寺，应该是观音塘，又名大石庵，始建于明代，清咸丰年间受损，同治十二年至光绪二年（1873—1876年），云贵总督岑毓英、云南提督杨玉科组织重修，修复了大殿、中殿、两厢房、罗汉堂、山门及其对面的戏台。观音塘里的将军塑像，应该是杨玉科像。杨玉科，字云阶，清末著名爱国将领，在中法战争中阵亡，据《清史稿》中记载：

  法越事起，率师出关，扼观音桥，法军至，设三伏败之。闻谷松警，亟往援，而敌已乘虚入，数战皆利。明年，法以重兵入关，教民应于内。玉科曰："吾百战馀生，今得死所矣！"开关搦战，中炮亡，诸军皆溃，至无人收其尸。李秉衡莅关，乃归其丧，妻牛氏殉焉。追赠太子少保，谥武愍，予大理、镇南关建祠。

洛克拍摄的五华楼，应该是清代重修的建筑，后来在被拆除的五华楼内发现了几十块元碑。现在的观音塘和五华楼门楼都是重修后的建筑。

当天下午，洛克去了三月街，当然又是人山人海的景象，他几乎没有什么好词来形容他所看到的一切，卖药的人和人们希望能兜售出去的，都是没有什么用的垃圾，有许多临时搭建的茶铺和厨房，数以千计的人在吃被苍蝇爬过的食物，人们正在吸食的碗里只要泼出一点儿食物，猪狗就马上会接住。没有什么有趣的东西，除了一堆破烂。

洛克在大理待了二十天，但日记里只记了三天的行程，4月20日至22日游中和寺，爬苍山采集标本，5月4日游崇圣三塔寺，其余的时间，他干什么去了？从他留下的照片我们知道，他在4月30日曾经在洱海边拍了"水老鸹"（鸬鹚）的照片，还有龙王庙附近西岸才村浩然阁（丰乐亭）。

行踪成谜的两个多星期，洛克难道是在大理享受他的"慢时光"？

有一个人不得不提一下，洛克到大理的当天，就去盐税局拜访了福顾森先生（Mr.Fergusson），20日至22日出游中和寺和苍山时与四个人在一起，福顾森、格雷戈里（Gregory）、库克（Cooke）和巴尔，做后勤保障的挑夫都有二十人，带着帐篷、给养和采集植物标本的工具。他们在中和寺楼上舒适的房间里住了一晚上，洛克所在房间西壁的祭坛上有一幅很棒的龙图，师法传统，是一幅名副其实的杰作。中和寺位于苍山之麓，从这里可以俯瞰大理古城和坝子，洱海胜景一眼可收，洛克在此拍了一张洱海的远景图。

苍山之巅的杜鹃花种类繁多，4月时节杜鹃花盛开，风景如画，在海拔三千多米的山坡上，到处都是绽放的火红杜鹃（Rhododendron neriiflorum），洛克觉得这种杜鹃深红色的花朵最漂亮夺目。洛克一行在海拔4000米的地方扎营，准备第二天登顶，但刚把帐篷搭起来，天就开始下雪，纷纷扬扬的雪花很快就在地上盖上了一层厚厚的白毯，雪没有减弱的意思，由于怕白雪覆盖了小路，大家只好收起帐篷回撤。

但包括洛克在内的其中四人还是决意在两个苦力的陪同下留下来登顶。他们第二天的登顶还算顺利——他们沿着一条小溪的河床向上走,雪中途经一个叫黑龙潭的地方,山坡上到处都是低伏的小叶密枝杜鹃,已被雪所覆盖。但这一次登顶并没能纵览洱海之波,在山顶云雾笼罩,什么也看不清楚,在拍了几张雪峰和植被的照片后,洛克一行于4月22日返回大理。

与洛克一起去爬苍山的这个福顾森是什么人?洛克在日记中语焉不详,只提到去盐税局拜访他并与之共进午餐,另外两个人格雷戈里和库克也没有说明他们的职务。在1922年,大理的盐税局(Salt Gabelle)里有洋人,在云南地方盐史里似乎缺乏记载,但是也并非无据,民国二年,袁世凯的北洋政府向英、法、德、俄、日五国银行团,借了一大笔贷款,达2500万英镑,以中国所有盐税作为抵押担保,但当时的盐政贪污腐败,在这笔"善后大借款"(Reorganization Loan)的贷款合约中规定:中国政府必须雇请一位外国人监管盐务。在爱尔兰丁恩爵士(Sir.Richard M.Dane 1854—1940)的帮助下,初步建立起盐税稽征管理制度,强化了中央对地方财税的有效控制。自此,云南盐政盐务也要洋人"襄助"和"协理"。云南盐务官署,增加了一个专管盐税的征收与稽核支付的机构。省稽核所经理为华人，副经理为外国人。在运署与稽核分所管理时期，实行民制、民运、民销。护国运动云南首义，蔡锷起兵讨袁，军饷也是借助于云南盐款。

当时北洋政府的总统顾问，倒是有一个汉译名叫福开森的美国人（John Calvin Ferguson），发音相同，名字只少了一个字母，会不会是洛克的笔误？此人与洛克在20世纪20年代有不少交往，1925年洛克陷在中国西北动弹不得，很多事情都是靠这位在北京和上海很有势力的福开森帮他摆平一切的，上海曾有一条豪门云集的福开森路（今天的武康路）因他而命名，可见此人的神通广大。

福开森是个地地道道的中国通，精通中文，在华长达57年。1887年，他到南京估衣廊居所办校开课，1888年出任南京汇文书院院长。1896年，盛宣怀在上海创建南洋公学，他受聘出任监院之职；翌年辞汇文书院院长之职，出任南洋公学监院；1900年兼任湖广总督张之洞幕僚，参与策划"东南互保"；1902年参与修订中国对日对美条约；1908年到北京任邮传部顾问；1910年中原大旱，募得赈灾金约100万美元，被清廷封赐为二品顶戴；1921年奉派作为中国代表团成员与顾问参

孤独之旅

大理三塔中的两塔

加以遏制日本在华扩张为重要议题的"华盛顿会议";这位老先生一生热爱中国,无问南北,1927年后他又担任民国政府的顾问,1934年,他把家中数千件珍藏的文物全部捐赠给金陵大学,"二战"期间他在北京被日本人关进大牢里去了。

会不会是这位福开森大人巡游至大理,住在勉强有"接待能力"的盐税局?面对这样一位精通中国文化、广有人脉的大人物,洛克有充足的理由放慢自己的脚步,陪他一起游山玩水,但这只是猜测,只能从福开森的年表里去找答案了。

奇怪的是,崇圣三塔寺近在咫尺,但直到5月4日洛克才与盐税局的朱先生与翻译布玛一道去三塔寺玩儿。出大理北门,走三里路就到三塔寺,据洛克的记载,按中国的农历,那一天是吉日,宜裁缝,有很多人聚集在寺院里演奏乐器,对歌、烧香、磕头。"男女对歌时,男的在一个庙,女的在另一个庙,每一人都试图用歌声去压过对方"。

洛克的大理之行,给大理留存了一组珍贵的自然风光与人文景观的历史记忆,留下了很多线索,也留下很多的空白,那些闲散的时光,与友人的叙谈,精彩的记忆,没来得及写到日记里，也许，是他太忙了？

初见玉龙山

也许是在大理盘桓得太久，洛克从大理到丽江的行程变成一路疾行，路上一天也没有再停歇。

5月6日早上八点，洛克一行离开大理，与他们同行的还有库克（C.I.Mission），沿离湖岸不远的道路走了七十里，经上关（上关村）到洱海北端的沙坪，当晚投宿在一个学堂里。

第二天计划行程九十里，沿途山峦到处都是裸露和被侵蚀的土壤，再往前走，在崇山峻岭的围绕中，有一片肥沃的坝子，到处种满了罂粟，果实已经开始成熟，人们已经在用小弯刀在上面划痕，收集从里面分泌出来的乳浆。

再往前走是邓川，"我们穿过一个很威风的城门，来到邓川镇，顺着大街走，发现在大街的另一头有一个农业学校和园子。这一片平坝非常肥沃，这时的麦田是我在云南见过的最好的麦田。这里也种荞麦，不过不多见，经济作物是鸦片。在我们的左边是一条著名的运河,这是浪空河的出口,浪空河(洱源河)从浪空坝子穿过一条窄窄的山峡后流出,运河两边长着很多大树,大部分是合欢树、黄连木和短柄铜钱树。经右所、左所、应山铺、长营、文笔村,当晚在三营的武庙投宿"。

这一段行程,我们现在在卫星图上实测的距离是约40公里,当时的路况不可能那么平直,在一条山峡相连的两个坝区,这应该是走到了马帮每日行程的极限。

据洛克记载,三营村位于一个山体完全是石灰岩的山脚下,山里有很多蜂巢状的石洞,到处都是从地里汩汩冒出来的温泉,滚烫的热水甚至流到大路上来,从三营村远眺,有一个小的佛塔。从三营北行五里是牛街,牛街有一个大温泉,附近有一座山名叫火焰山,洛克认为火焰山是一个火山丘。

现在我们知道,洛克对三营和牛街的记载还是比较准确的,比如温泉和小塔,路上遇到有一队民家(白族)妇女,每人扛着两块厚重的棺材盖板,牛街这一带是白族村镇。火焰山是洱源境内牛街与三营街之间的小山冈,山冈呈圆形,顶上有一宝塔,山下岩洞涌出滚烫的温泉。牛街境内以火焰山为中心的地热区，地热资源丰富，地热喷泉高达三十余米，温泉最高温度可达96℃以上，现在的牛街已成为茶马古道上的一个温泉旅游度假区。

大理运输的民家人（白族）

洛克一行因为要赶路，并没来得及在这里泡个温泉，从牛街往北绕过观音山，前行二十里是下寨。在这里，一条路通往剑川，另一条是往右边走的鹤庆。洛克觉得走山路更有意思，去鹤庆的路要翻过一座三千多米的高山，洛克本想走鹤庆，但因为翻译布玛正在闹痢疾，而且连续两天都在赶长路，马匹也走得乏了，所以还是选择走剑川。

徐霞客到洱源游茈碧湖是从北向南，与洛克走的路恰好是相向而行：

> 以浪穹何巢阿未晤，且欲一观大理，更闻此地东去即观音山，为鹤庆、大理通道……十八日昧爽促饭，而担夫逃矣。久之，店人厚索余赀，为送浪穹。遂南行二里，过一石桥，循东山之麓而南，七里，至牛街子。循山南去，为三营大道；由岐西南，过热水塘，行坞中，为浪穹间道。

洱源与剑川间是一道长长的山峡，经下寨、臭水井、沙坝、野鹅塘、野鸡坪到位于山坡上的甸尾村，山坡下便是一览无遗的剑川坝子和水面开阔的剑湖。洛克一行住在甸尾村背后的小庙里。

在1922年洛克的行记中，对丽江的描述只有一个开始，然后就是一段空白。我们唯一知道的是，他5月10日抵马鞍山附近的小庙投宿，初入云南的行记就此结束。我们大抵可以推断出他是5月11日到的大研镇。同年9月23日，洛克从大理出发到腾越，抵达腾越时间是 10 月 9 日。10 月 19 日至 10 月 25 日从腾越到龙陵，11 月 7 日至 17 日从腾越到缅甸的萨东（Sadon），11 月 22 日又回到腾越附近，同年年底他返回丽江。由此可以推断，这一年洛克待在丽江的时间大概是在 5 月初至 9 月初，大部分时间在玉龙山采集标本。奇怪的是，洛克在此期间的工作笔记并没有见诸已知的文献和记载，是不是因为多年后要撰写《中国西南的古纳西王国》一书，这部分日记被单独挑出来，却在 1944 年运往美国的途中船被日本军舰击沉而遗失？与之同时遗失的，可能还有与丽江相关的 1928 年、1930—1933 年、1935 年的部分日记。1922 年，丽江，这个在埃兹拉·庞德诗中"环水泱泱"的古城，洛克只是匆匆来去，就连他所拍摄的大研镇四方街的照片，时间也是在一年之后。

次日又继续上路，洛克写道："空气很好，清风送爽，春天宜人的早晨，当抬头向右边看时，我第一次看到了丽江的雪山。从这时看去，有两座突出的山体，一个矮一点儿，由锋利的山峰组成，另一个更高，大约有 21000 英尺（6401 米），5000 英尺（1524 米）以上为皑皑的白雪覆盖。"

这一天的行程几乎是一路狂奔，越过剑川坝子，沿大山之间细长的坝子到九河街,途经上登、汉登、西庄、猪圈场、水寨、板凳河、甸心桥、梅子哨,在九河街没有像样的地方住,又继续往前走,来到北苏梅村旁一个烟熏火燎满是灰尘的学校过夜。

从这一天的行程来看,洛克一行至少走了四十多公里。次日就可以翻越铁架山进入丽江地界。

5月10日,洛克一行经杜娥村、五里牌、关上、落水洞的山路翻山越岭,也就是今天的白汉场和泰安,然后下到剌是坝(拉市坝),"整个的剌是坝是一个巨大的石灰岩盆地,尖利的石灰岸露出地表,有很多小山和数不清的落水洞,朝坝子里的山坡上树木茂盛。坝子里是被耕作过的土地,但是尖锐的灰色玄武岩和石灰岩上被橡树、马醉木和松树覆盖。在这个山谷的一端,一座雄伟的山峰超然挺立,这是玉龙山,丽江的雪山。风景很美,凉风拂面。"

洛克一行当晚投宿的地方是一个小庙,这个地方,洛克说得不是很清楚,从他的描述来看,有可能是位于拉市坝和丽江坝子中间的马鞍山口,也就是丽江黄山的茨满村附近,这个地方是从白汉场进出丽江的最后一个要冲——有打,洛克说,在他们抵达前的一个小时,刚刚发生了一起抢劫,山脚下有一个歇脚的山神庙,山岭下面是一个更平的坝子,田畴交错,在坝子北端一个叫龙海的湖,这个坝子南边山丘地形起伏,村庄星罗棋布。洛克说的龙海是拉市海。从卫星图上复原这一天的行程,至少有40公里,小庙距大研镇估计还有5公里左右,而且都是坝子里的路,要硬走也许能抵达,但一想到一路上小城镇的脏乱,洛克决定还是在小庙过夜。"我待在山坡上的一个小庙里,四周是玫瑰、橡树、杏树和梅树。这里非常安静,也非常舒适,比起那些吵闹令人憎恶的小旅店,我宁可待这里"。

月光如泻,玉龙雪山在夜色下熠熠生辉,这个晚上,洛克终于可以踏实地睡个好觉了,从泰国北部到丽江,一路走了四个多月,一路提心吊胆,疲乏不堪。他也许不知道,这里的雪山,在这片土地上生活的纳西人,会与他结下不解之缘,丽江,将成为他一生魂牵梦萦的地方。

神秘而古远的纳西王国

20世纪80年代初一个微风送爽的夏夜,在美国波士顿的哈佛植物园里,有一个人在婆娑的树影和摇曳的花枝间漫步,他就是著名专栏作家布鲁斯·查德维(Bruce Chatwin)。他不时地凑近那些他感兴趣的植物,想看看标签上的植物名称,但那些令人眼花缭乱的拉丁文让他简直有点儿不知所措,这一块块的标签上,他能看得懂的,只有采集者的名字——约瑟夫·洛克。约瑟夫·洛克是谁?这个名字像磁石一样深深地吸引着他,一幅奇异的画卷就此展开。

1985年,中国西南的一个边远角落——丽江,对世界敞开了大门。就在这一年,布鲁斯迫不及待地来到了丽江追寻洛克的足迹。他过去对丽江的印象,是从著名的美国诗人埃兹拉·庞德的动人情怀的美丽诗篇中得到的。布鲁斯在眺望丽江玉龙雪山的山峰时,仿佛听到了山道上马帮幽远的铃声,诗人笔下的洛克的王国仿佛在眼前复活了。

然而诗人埃兹拉·庞德从未到过丽江，据说他是从一位飞越过"驼峰航线"的美军中校那里听说过洛克的。1956年，他被当作精神病人送进了华盛顿的圣伊丽莎白医院，在医院里，洛克的《中国西南的古纳西王国》幻作一行行瑰丽的诗句，遨游在诗人的想象里：

> 环水泱泱，
>
> 石榴满枝，
>
> 不见稻田稻花香，
>
> 天高气爽好丽江。

布鲁斯在白沙村拜访了和士秀医生，和医生少时曾跟洛克学过英语，在"欧鲁肯"，纳西语银石山脚之意，汉名叫雪嵩村，洛克住过的屋子还在，布鲁斯还见到了洛克当年的马夫李文彪。在这个"若不是太僻静的话，可太诱人了"的小村庄，在村民中还找得到洛克当年送给他们的礼物，如美国买来的木匠工具、铝条皮箱等等，还有洛克的种种轶事。

1986年3月16日,布鲁斯在《纽约时报》发表了《在中国:洛克的王国》一文。

在文中,布鲁斯一次又一次地引用了埃兹拉·庞德的《诗篇》中的诗句。

> 在丽江之上,
> 雪域是绿松石般洛克的世界,
> 在高原稀薄的空气中,
> 他为我们的记忆留下了薄痕。

在庞德《诗篇》的最后17章里,他对丽江山水和纳西宗教仪式的想象,幻作一行行瑰丽的诗句。

从此,"洛克热"一直未断,神秘而古远的王国,为什么会令众多远隔重洋的人们如此神往?

王国的谜思

1922年5月,植物学家洛克来到了"环水泱泱"的丽江。

早在他之前，已经有不少探险家涉足这一区域，法国学者巴克在1913年就出版了《麼些研究》一书，英国植物学家金顿·沃德和乔治·弗瑞斯特也早已在丽江浪迹多年。1923年年初，在一个偶然的机会里，洛克发现了邻居家里奇怪的宗教仪式。当那些东巴们敲着鼓、舞着剑向空中又砍又杀地驱逐魔鬼时，他不禁哑然失笑。作为一个科学家，他完全不能理解，在20世纪还会盛行这种很多地方早已绝迹的宗教活动。抱着猎奇的心理，洛克为《国家地理》撰写了《中国腹地土著部落纳西人的驱病魔仪式》，这是洛克撰写的第一篇人类学论文。洛克注

做法事的东巴们

意到，记载这些仪式、经书的文字，是一种古老的象形文字，这种象形文字发展成了音节文字，两种文字并存并通过东巴教传播和保存下来，而不像古埃及象形文或玛雅文一样湮灭于历史的陈迹中。为收集、研究东巴象形文字，他沉浸其中几十年，逐渐进入到这个图画符号和仪式的王国，从表面的仪式一直分析到深层的内核。

1947年，洛克日积月累完成的巨著《中国西南的古纳西王国》终于得以出版。这是一本有关滇西北民族自然地理与人文地理的奇书，也是研究分布在滇、川、藏区域纳西民族的鸿篇巨著，对该地区的地理地貌、动植物分布、民族关系史都有独到、精辟的见解。从卷帙浩繁的中国史料记载中，从深奥曲折的纳西东巴经典的神话和仪式中，从横断山脉雪山大川远古的迷雾中，洛克描绘出一个高山峡谷中的古王国文化变迁的气势磅礴的轮廓。从严格的意义上来说，它不是一本人类学著作，却是人类学研究的一个经典范例，因为所用的资料建立在扎实的田野工作基础之上。

洛克进入中国的1922年，正是数学和物理学博士马林诺夫斯基出版《西太平洋探险队》的时候，该书用功能主义思想

1924年的丽江四方街

描述了土著居民的社会和文化。在洛克构思、编著古王国一书的1934年，本·尼迪克特出版了有名的《文化模式》一书。洛克没有走那些人类学家的老路，用充满术语的理论装饰自己的论著，而是独树一帜，不作简单、抽象的推理与理论概括，通过描述古纳西文化的事实，透过现象深入其精髓。

洛克著作的"王国"两个字，让有的人感到不自在，并认为用"王国"二字是荒谬的。对"古王国"前的"中国西南的"几个字却故意视而不见。难道洛克真的不懂中国古代王朝的更迭与此区域行政历史的沿革吗？非也，洛克在书中对此有精细入微的阐述，占据了该书的大半内容，将纳西王的历史世系与中央王朝的关系说得很清楚。

在汉代时，纳西人的祖先，在青藏高原东部甘青一带草原以放牧牦牛和羊为生的古羌部落开始南迁。于南北朝时的梁、陈之世，有一部分迁至金沙江以南，在唐初武德年间，麼些首领叶古年占据了原住民濮蛮所居之地三赕（丽江以东的雪山脚下）。这个三赕与藏语里的"撒多"一样，纳西语称作"三多"，是一个著名姜王的姓氏，传说中格萨尔王曾同他多次大战，而"姜"就是藏人对纳西人的称谓。三多是纳西人的保护神，纳西人把他当作雪山山神的化身。整个唐代，纳西族居住的区域处于南诏、吐蕃和唐王朝三大势力之间，麼些部落曾与南诏联合，一起打败唐军。

关于纳西人的来历，洛克有这样的观点："究竟麼些与纳西是不是同一民族，还是个悬而未决的问题。据汉文史籍记载，濮人是麼些所在地的土著，在《唐书》中提到的麼些，可能人数较少，和濮人争夺过土地。"后来，越析羌的后代和麼些人一起赶走了濮人，在他们的地方定居下来，汉文文献中查不出

纳西武士的铠甲

纳西这一名称的出处。洛克推测，纳西可能是麽些人因为羌人的皮肤黑而取的，麽些与羌人究竟谁吞并了谁，还是一个有争议的问题。

在此期间，这片土地曾几易其手，有一段时期，濮人重新获得自己祖先疆土的控制权，直到北宋末年"爷爷"再度击败了濮人。在传说中，"爷爷"是纳西统治者的第一代，但据《木氏宦谱》记载，丽江纳西王的祖先，从"爷爷"数起，木公是第十四代。宋代纳西部落的人口倍增，丽江的麽些部落通过不断的战争，与大理政权分庭抗礼，如《大元统一志》中所写的："南诏衰后，大理亦莫能有其地。"公元 1253 年，叶古年的二十三世孙积极迎接南征大理的忽必烈，并在元军"血腥"的帮助下，统一了其他麽些部落，控制了丽江西北边的巨津州和东北边的宝山州。

到明代，明王朝封叶古年的二十七世孙为世袭丽江土知府，并赐姓木。木氏土司在明代不断扩张，势力远达中甸、德钦、木里、西藏的芒康和四川的巴塘、里塘等地。明代旅行家徐霞客来到丽江，受到木生白（木天王）的接待，他形容木氏土司"宫室之丽，拟于王者"。洛克认为，丽江在晋、唐、宋各朝代时，它的名称曾经多次更改，但是它一直为当地头人所控制，尽管在元、明两朝曾在丽江设立州县，但实权仍把持在当地头人手中，皇朝的统治只是名义上的。"在这些世代相传中，经过了许多朝代，如唐、五代、宋和元、明，互相承继，但国家的改朝换代并没有影响和阻止木氏的发展，木家有些是公侯，有些是将军和元帅"。

洛克来到丽江的时候，古老的纳西王国已恍如昨日的云烟，但纳西文化的古老传统依然保持着强大的生命力。这个所谓的王国不只是行政上的，更多地具有文化上的底蕴。洛克在《中国西南的古纳西王国》一书中写道："这些地区向来不只是麽些（纳西）这个民族居住，也不完全是纳西王或头人统治下的一个行政单位。"在纳西文化的中心丽江之外一个广大的地域里，一些部落还保留着纳西古老质朴的文化。

东巴象形字的发明人牟保阿琮

从纳西文化的源流来说，洛克认为，纳西文化是自我充实的，他们在早些时候所遇到的只有濮人，在象形文献中，濮人的形象是农耕民。纳西人以一种幽默的方式解释他们如何依靠濮人："在鸟飞来之前，树木仍在燃烧；在纳西人定居下来之前，濮人就定居下来了；在濮人居住之处，无须在其他地方寻觅食物，鸟类也无须去寻找栖息的树木。"

对古纳西王国独特的自然与人文景观的描绘，使《中国西南的古纳西王国》一书成为研究民族历史、文化、地理的杰作。每一座山峰、每一条溪流、每一个村庄的名字都有着与之相关的神话传说和历史典故；生长在这个地区的成千种植物的拉丁文名称以及洛克在文中的注释，令看过此书的许多读者眼花缭乱，而这又恰恰是此书的精髓所在。书中还用了255幅精美的摄影图片，最为珍贵的是，这些历史图景许多已无法还原，不可复得。它用一种文字难以表述的叙事"语言"，把"古王国"迷人的魅力凝刻在光与影永恒的记忆中。"古王国"不仅是一个地理上的区域，而且还是一种境界，这才是它的神秘与可爱之处。

丽江古城

  1955年，一本名为《被遗忘的王国》的书在英国出版，它的作者就是曾在丽江生活九年的俄国人顾彼得。顾彼得于1949年与洛克一起同机离开丽江，他在此书的扉页上特地写上了"献给洛克博士"。顾彼得刚到丽江时，找不到地方住，曾暂住洛克的房子很长时间。在阅读洛克的论著时，他为洛克对纳西文化的热爱所感染，同时也被纳西文化的博大精深所感动，这本书于是成了他们友谊的纽带和对丽江岁月的怀念。"被遗忘的"记忆至今犹新，但两个"王国"的意蕴却大不相同。如果说洛克是从山川地理的历史和象形字的文化沉淀中去寻找失落的纳西文化，那么顾彼得则是从街头巷尾与纳西人的交往中、从纳西人的日常生活和喜怒哀乐中去洞察纳西文化的生动个性。"王国"两个字的文化底蕴犹如飘荡的云彩，只有在高原上看云，才能体会一种亘古未有的幽远境界。

祭天的子民

《中国西南的古纳西王国》一书尽管取得了极大的成功，但是对纳西族的生活与文化的描述太过分散和零碎，所以洛克后来又写了《纳西族的文化与生活》一书，以弥补前一本论著的不足。在此书中，洛克的许多观点更加深入。他认为，纳西是祭天的民族，生活在四川西北的羌人与纳西同样有相似的祭天仪式。D.C. 格拉海姆在《氐羌人的风俗与宗教》一书中描述的情景明显地与纳西的"麦别"（Muan-bpo）仪式相仿，羌族把天称作"姆叭色"，毫无疑问与纳西的麦（muan）是等同的。羌族也祭地神"鲁"（Ru），纳西的祭地称为"勒"（Llu）。在纳西语中无"r"音，"l"和"r"可以互换。羌人的五个大神也可在纳西的神祇中发现,在纳西地方他们被敬为五行(五种元素)的神。遗憾的是,格拉海姆没有复制他称作羌人"圣书"的文本,要不然可以同纳西的占卜书进行比较。羌人的村庄以高塔而著名,大概是建来抵御入侵者的,而纳西村庄不具有这类的塔。洛克注意到,在澜沧江河谷与苏吉河谷还盛行建塔。现在在木里还可看到在明朝早期纳西人为抵御生活在他们北边的藏人部落而竖立的塔,而在《中国西南的古纳西王国》一书中,洛克还怀疑这些塔是否是纳西人所建。

纳西民间有这样两句话:"纳西美布迪"(祭天是纳西人最大的事)和"纳西美布若"(纳西人是祭天的子民)。在洛克之后的中国民族学学者认为,祭天是纳西古文化中最古老、最原始的部分,通过它可以看到纳西东巴文化传承的方式,它与纳西先民的物质生活与精神生活紧密联系,最能说明纳西文化的特质。纳西族东巴经中的祭天古歌是"唱给众神的一支支发自内心深处的、饱含虔诚宗教感情的神曲",它倾注着纳西先民自强不息的奋斗精神,"于粗犷之中蕴藏着深情,豪放之中编织着梦想,苦难之中闪烁着理想的光辉,奇幻之中孕育着人类智慧的奇葩,荒诞之中闪现着哲理之光"(见戈阿干:《祭天古歌》,北京:中国民间文艺出版社,1988)。这些看法也许可以阐释洛克对纳西族宗教的一些观点:"纳西人不信宗教,却不是没有宗教,同时他们又是极端迷信的民族。纳西人不是所有来到丽江企图立足的各种宗教教派的信徒,对于他们来说,宗教活动是一种外在的、表面的行为,而不是内在的信仰。"

信奉祭天的丽江纳西人尽管以开放的态度接纳噶玛巴派的藏传佛教、汉传佛教、道教,但对基督教却不屑一顾。洛克写道:"在把纳西转变为信奉基督教方面,新教和天主教的传教士们都没有取得任何成功。没有纳西人愿意为外国传教士工作或参加他们的聚会。在丽江只有一个新教传教团,属于圣灵基督教的变体。传教士雇佣四川的鸦片烟鬼、酒鬼作为助手,或雇佣被西藏人半遗弃的懒惰的流浪汉。这些人一天之内就成了基督徒,过段时间又是喇嘛教信徒。"洛克又说:"纳西的生活、娱乐很少,他们反对传教士干涉他们的家庭生活,以及侵犯他们非常谦和的生活、娱乐。传教士告诫纳西人不可饮酒、抽烟,也不可跳舞。纳西人是温良谦和的人民,具有比大多数白种人更高的道德标准。没有一个妇女可脱去外衣,绝不可能梦想一个纳西妇女会穿一个白人姐妹们所穿的那种裙子。"

基督教的失败在于与祭天子民的核心信仰是相抵触的。顾彼得在《被遗忘的王国》一书中的阐释与洛克的看法不谋而合，而且对基督教在丽江的失败有点儿幸灾乐祸："在所有这些宗教信仰之上，他们从祖先那里继承了根深蒂固的相当适用的伊壁鸠鲁哲学。这种哲学教导他们，今生短暂，却实实在在。今世并非完美无缺，无忧无虑，但是总的来说，世道不算坏，只要生命犹存，每一个纳西人义不容辞地要充分利用它。……我们必须记住纳西族是个简朴的民族，对他们来说，这些质朴的享乐已达到生存的顶点。从这个角度来看，必须承认，总的来说，按照纳西人的人生观，他们的确已经达到了人生的目的。周围几百英里之内没有一个地方像丽江坝这样繁荣幸福，也没有任何地方的人们过得比这更好。在丽江站住了脚跟的传教士们，能给这些人什么呢？他们坚持要纳西人放弃所有心爱的东西；禁酒禁烟；在漫长的野餐期间与漂亮的姑娘嬉戏跳舞也被禁止。所有降神会，与敬爱而有助的神灵之间的交往都成了禁忌。祖传的崇拜被禁止，跟美丽的喇嘛寺和庙宇的所有关系要切断。'那我们还有什么？'纳西人问道，'这只是活着受死罪'这些爱开玩笑、热爱生活的人们争辩道。因此，没有一个纳西人成了基督教徒。"

对儒家文化的传入给丽江带来的影响，洛克持一种保留的态度。他认为，纳西男子由于被朝廷剥夺了当武士的权利，慢慢对儒雅的音乐和艺术过分沉迷。当在泸沽湖的一个名叫"吐布"的半岛上看到古代纳西人扩张的痕迹时，洛克感慨万千："这个半岛末端附近的顶部较宽，在那里还看得见骄傲的纳西军队首领木天王曾经住过的房子的遗址。木天王就是三百年前对木增的通称。如今房子的残垣上长满了青苔，藏在阴湿的长满栎树和松树的森林里，一切过去的光荣都已烟消云散。今天没有留下明朝时纳西领袖们曾经拥有的权威的任何痕迹，他们的权力在木生白（木增）时代达到了最高峰，他们（木氏土司）的后裔，也像这半岛的衰败一样，在丽江地区过着贫困的生活，已完全没有他们光荣的祖先所具有的尚武精神的丝毫痕迹了。"

到洛克的时代，纳西社会已经渗透了汉人的礼法习俗，纳西男子的穿着与汉人一样，但妇女仍保留了传统的服饰。究其原因，从洛克的描述中可以看到，在纳西社会文化的变迁中，妇女传统角色所产生的变化："妇女们通常很剽悍，她们有着玫瑰色的脸庞，有像骡子那样的坚强精神。纳西妇女的身高基本一致，穿着比男人好。她们处理所有的生意，做买卖，而男人只是照顾孩子和抽吸长长的烟袋。妇女也酿酒，编织和缝制自己的衣服。她们比男人具有进攻性，会在路上拦截男人，把他们用棍棒击翻在路上。她们很有幽默感，就像男人一样。男人个子很高，精心梳理他们的头发。他们的皮肤比汉人的要黑，呈深棕色。他们的蒙古型眼睛呈深褐色。妇女们黑色的、直直的、梳理得光光滑滑的头发常常扎着一个粉红色发夹。"

纳西男子

毫无疑问，洛克的一些观点深深影响了顾彼得。顾彼得曾经说过，在儒家文化影响下，没有比纳西族更有礼貌、更加自制的民族了。在男人们受孔夫子影响时，传统的纳西妇女"默默无言，坚持不懈，就像正在成长的树的树根。她们把自己培养成强壮的人种，直到完全奴役了男子。她们学习商业的各种复杂情况，并且当商人、土地和货币兑换经纪人、店主和生意人，她们鼓励自己的丈夫闲游浪荡和领娃娃。正是她们获得了事业的辉煌和成就……她们自信、果断、勇敢。她们是当家人，是家庭繁荣的唯一基础。娶个纳西族女子就获得了人身保险，余生可以安闲懒散地过日子"。这无疑是纳西文化传统以一种奇特的方式，对"之乎者也"的一种幽默和讽刺。"这个小小的纳西人社会里，妇女在理论上受鄙视，可是在实际上她们受人尊敬。男子享有特权，但是他们软弱，在经济生活中无足轻重。"（顾彼得：《被遗忘的王国》）

但"无足轻重"的纳西男子血管里流的毕竟是武士的血，英雄本色在危难时候往往会显露出来。纳西卫士的勇猛给洛克留下深刻印象，他在写给美国《国家地理》杂志的文章中多次称赞他们"英勇顽强，在数百土匪的围攻下也毫无惧色"。顾彼得也说："在赞扬纳西族妇女体格健壮、精于商业时，我并不暗示纳西族男子是懒汉、懦夫，从最古老的时代以来，他们以忠诚、勇敢而著称。从西藏一路下来，打败了那时居住在丽江坝上的土著部落，肯定需要勇气和智谋。纳西族士兵组成的小分队一直是滇军的主力，一声召唤就殊死战斗，他们在有名的台儿庄战役中打败了日军。他们从不回避敌人，故幸存者极少。"

故而纳西男女有一种重情和不畏死的气质。在研究一些特殊的东巴仪式时，最让洛克感到震撼的是纳西情侣们的自杀。洛克写道："在赫拉里科仪式期间，有两种经典在许多人中吟唱。在这个仪式上，一个已自杀的生命化成了最艳丽的玫瑰。自杀后来变得互相影响且很风行。他们被告知，死后他们可永葆青春并与相爱的人永远在一起，他们将飞翔在爱永恒的怀抱中，他们将与风一道飞翔，不会再有死亡，也不会有再生，但是生命在永恒不变的青春幸福中长存。"洛克终身不曾谈过恋爱，也没有结过婚，对纳西古王国里的罗密欧与朱丽叶们深怀同情之心："这些殉情者死后即变成风中的精灵，使人不禁想起但丁笔下的'保罗和弗郎西斯卡'，他们的幽灵也轻轻地在随风飘荡，更让人想起那些《神曲》之《地狱篇》的痴迷读者，一边读着中世纪骑士们罗曼蒂克的传奇故事，一边就会坠入情网。"在读过洛克的有关论著后，同样是单身汉的顾彼得带着一种崇敬的心情来描述这种文化现象："丽江的确称得上是世界的殉情之都，这是令人难以置信的荣耀，家家都可以数出其家庭成员中有一两个殉情死去的。殉情被当作是一种既方便而又理想的方法，用来逃避纠缠不清的爱情事件，逃避丢面子，逃避激烈争吵，逃避受到致命的羞辱，逃避不幸的婚姻生活和其他许多不幸的事件。"归结其原因，顾彼得说："在向他们的人民热情灌输汉族文明和文化时，纳西族统治者们已经严格而坚定地引进孔教婚姻制度，这种制度的严格实施，在这个本来应该快乐的坝子上造成了无数的极端痛苦和死亡。这种制度完全不适用于这些性格热情奔放，爱好自由和独立的人们。"

永不消失的地平线

几千年前，不知是逃避战乱还是别的什么原因，纳西人的祖先从藏东北的草原开始扶老携幼地南迁，越过茫茫的雪域高原，历尽艰难险阻。他们寻找一个理想的家园，在他们生命的视野中，永远离不开巍峨的雪山和一条滔滔奔涌的河流。

在彩云之南，纳西人找到了他们理想的家园。在藏语里，雪山分两种，一种叫"喀"，是见了阳光可融化的雪，另一种叫"贡"，是一种永不融化的雪。纳西人把玉龙山叫作"白石努努"，意思是"银的岩石"。玉龙山终年积雪不化，是中国现代海洋性冰川的最南端和藏传佛教传播的最南端。在纳西族分布的三江并流的地域里，皑皑的雪山和险绝的峡谷形成了垂直的立体气候分布。如果说云南是植物王国，那么他们生活的区域可谓是植物王国里的宫殿，著名植物学家蔡希陶曾称玉龙山为"世界杜鹃花的中心"。

这个人与自然和谐相处的美好家园的历史却是一部战争与和平的历史，也是一部民族交流与融合的历史。洛克认为，根据东巴象形文经书的记载，玉龙山的守护神"三赕"是纳西族的一个战神，而这个"三赕"曾与格萨尔王激战过。在藏族史诗《格萨尔·姜岭大战》中，记载了自唐代到明末旷日持久的古代藏纳战争。在这部史诗中，纳西所居住的姜地是一个与仙境没有什么差别的地方，那里的天空无限广阔，那里的山脉连绵不断。在四季如春的坝子旁，巍峨的、终年不化的雪山如玉龙般横空出世，该国的倩女俊男数不胜数，地下埋藏着无穷宝藏。最为奇妙的是对姜国国都玉龙宝露宫的描写：清澈晶莹的玉泉水，悠悠地流至镇头双石桥下，分成三岔主流，分成无数支流，穿街入墙，于是条条街道有流水，家家门前有水流。虽然是敌对的一方，格萨尔史诗中描写三赕国王和人民的语言却十分考究，处处显出敬畏与羡慕，毫无贬义。故事的结尾是两个民族间的友谊与和睦。在纳西的创世神话中，藏、纳、白三族是亲兄弟，藏族是大哥。神话传说中的动人故事给古老的王国蒙上一层神秘的色彩。

然而，古老的"姜国"似乎耐不住神话传说的寂寞。1933年，一个与世隔绝、超凡脱俗、未被西方文明污染的喇嘛王国"香格里拉"出现在英国小说家詹姆斯·希尔顿的《消失的地平线》一书中：深藏在高山峡谷中的美妙牧场、富饶的蓝月亮山谷、充满迷惑的田园式居留地，人与自然和谐共处，多种宗教和平并存。这个理想的乐园——"香格里拉"，是一个"世界顶端的贸易集镇，很难到达那里，从云南来的中国苦力把他们的茶叶转运给藏族"。九十多年过去，人们开始猜测，从未到过滇西北的希尔顿是否读了洛克20世纪20年代为美国《国家地理》杂志写的文章而获得了灵感，但事实上那几篇关于滇西北的文章除了对自然生态的赞美之外，却丝毫没有"伊甸园"的韵味和痕迹，更多强调的是行程的艰险和土匪的猖獗。希尔顿是不是从先于洛克到达滇西北的传教士那里得到的灵感呢？

还是从曾到过丽江的英国植物学家金顿·沃德和乔治·弗雷斯特那里得到的线索呢？特别是后者，从 1904 年到 1931 年间，为英国爱丁堡皇家植物园工作的弗雷斯特曾七次到丽江一带采集标本，1932 年，他从缅甸回到腾冲后就染病过世。

神似的描写尽管游离于地平线上的现实存在，但丽江自古以来就是青藏高原末端的贸易重镇和马帮的重要驿站。古代的茶马古道，沟通了青藏高原和云南热带、亚热带地区的联系，这种联系通过商业的互需，带动了沿途各民族之间自然而然形成经济、文化上频繁的交流。就是在今天，走在丽江四方街熙攘的人群中，人们仍然能从古老的、磨得光光的石板和木结构的商铺感到那个鼎盛时代留下的脉动。庭院中飘荡出的阵阵古雅的唐代逸曲，使人仿佛又回到了悠远的年代。

希尔顿的"香格里拉"是朦胧缥缈的，但古纳西王国却因为洛克的描绘而变得清晰和真实，这是一个没有城墙的王国。

丽江城没有围墙，据说是因为木氏土司讳"困"字。这个说法太过牵强附会，因为丽江古城始建于宋代。1723 年（雍正元年）改土归流之后，清朝统治者当年就在丽江筑城墙，以后又屡次筑城墙，但因地震或其他原因屡屡被毁，总之，最后无影无踪。在洛克来到丽江的1922年，只有在衙门旁有一点儿城墙的残迹，纳西人自由的天性大概无法忍受城墙的束缚与禁锢，古时具有尚武精神的纳西人从不用城墙来防御，这不单是因为高山大川天然的堡垒在起作用，更多的是出于一种自信，所以能有一种开放的文化心理。

这种开放的文化氛围让到处流浪的洛克找到了一个理想的家园。在《中国西南的古纳西王国》一书的《前言》中，洛克深情地写道："当我在这部书中描述纳西人的领域时，逝去的一切又一幕幕地重现在我的眼前，那么美丽的自然景观，那么多不可思议的奇妙森林和鲜花，那些友好的部落，那些风雨跋涉的年月和那些伴随我走过漫漫旅途、结下深厚友谊的纳西朋友，都将永远铭记在我一生最幸福的回忆中。"

这不单是一个生活的恬静家园，同时也是洛克的精神家园。他在他的巅峰之作《纳西语—英语百科辞典》的《前言》中写道："我真正要感激的是那些纳西祭师，正是他们慢慢地打破了其隐匿的古老传统，耐心地开始教授我，在长达20年的时间里，让我进入他们神圣的祭仪，进而揭开了存储在经书中、宗教内涵中的珍贵价值。用这种文字，纳西人勾画出了他们的内部生活：自然界的力量激发着他们的情感，生与死的永恒主题，浪漫的爱情故事，他们对自然界的态度，自然哲理令人畏惧的力量使得他们与数不胜数的邪恶生灵搏斗——纳加、魔鬼、精灵、鬼怪，甚至是大小神灵。他们与神灵息息相通，并与激发出他们的想象力的大自然和谐相处。"洛克对纳西文化的研究不是一个时代的终结，他给后人留下了这把开启纳西象形字研究的钥匙。

这种开放性的文化不排斥所有的外来文化，它使每一个远离故乡的游子来到丽江后都有一种归家的感觉。明清之际，有许多从南京和江西千里迢迢来到丽江的汉族人，在与纳西和其他各民族的和睦相处中，这些汉族移民渐渐融入纳西社会，变成了纳西族。同洛克一样，从小就离开祖国在中国到处流浪的顾彼得也是在丽江找到他的"人间的伊甸园"。他在《被遗忘的王国》一书中是这样描述丽江的："几乎在丽江的所有日子都是令人愉快的。这里永远是春天的国度……这块天堂般的坝子上，美丽的景色时时变幻着，从来不会陈旧。美景天天更新，添上新鲜、奇异的新事物。雪山不是死气沉沉，不是悬崖、冰雪一成不变的凝聚物；它是一位活的美人，有它自己的生活方式和思想感情。它从来都在瞬息变化之中。它蒙上面纱又揭开面纱，山脚下飘着白色的雾带，或向蔚蓝色的天空抛起羽毛状的白雪……空气中总是飘溢着浓郁的花香。在这个奇异的坝子上，似乎一切东西都在闪闪发光。明显地，大自然在呼吸、运动和微笑。每次出城散步都令人激动，给人启示。温暖的微风使人陶醉。青山起伏波动，似乎在舞蹈。溪流曲折湍急，小鸟和蝴蝶在空中飞舞。在这个秘密的天堂里，人们在欢笑歌唱，充满了幸福欢乐。"大自然的美令人陶醉，但更重要的是这里质朴、友善的人们。顾彼得在书中深情地感叹道："在我动荡的人生中，我没有在任何地方享受过像丽江那样宁静、那样幸福的生活。对我来说，那是天堂……我在丽江的幸福生活，不只来源于悠闲地欣赏鲜花及其香气，欣赏雪峰永远变化的光辉和连续不断的宴席，也不在于我专心于工业合作社的工作，或为病人、穷人所做的服务。幸福在于平衡地对比生活的这两个方面，可是要使生活变得完美，必须相信上帝的爱与仁慈，相信我生活在其中的简朴诚实的人们的友谊和信任。当我得到这些东西时，我觉得与世无争了，更为重要的是，我的心坦然了。"顾彼得所谓的"天堂"，不只是人世间的乐园，独特的人文地理景观赋予它一种更崇高的境界。

在沈从文的一篇名为《虹桥》的小说中，有一位名叫李粲的中州青年画家,在抗日战争期间流落到边地进行民族考察,他的原型就是研究象形文字的后起之秀李霖灿。李霖灿在看到玉龙山时感叹道:"一见到巍峨的玉龙大雪山,立刻就知道这是我安身立命的不二所在。"又说:"这不是人间之美,而是出自自然、纯洁,只在理想中或是天堂中才有的美,凡是污染一点儿尘世气息的对这座雪峰都是一种污损,到此境界,语言文字全无用处,只能在音乐的崇高处及宗教的虔信意境处能偶一有之。"他感叹道:"玉龙山实在只是一幅画景,遮住了北边半个天空,它只使我们感到皎洁,却不使我们感受到寒冷。"纳西人的友好热情让每一个来到丽江的人都感到了由衷的温暖。

玉龙山是纳西民族精神的象征,皎洁而悠远。和洛克一样,李霖灿也沉浸于古老的纳西文化而有所感悟:"在熟读千本象形文经典之余,即感到了这一支边疆民族的深邃,且因天之时分地之利,复得目睹造化生物之奇,见所未见,闻所未闻,盖使一己之私茅塞顿开,如在冰天雪地之中,忽然花开锦绣,令人欣然悟到一种令人眼明的崭新境界。"

千百年来,人们一直在追寻一个人与自然和谐共处的世界,顾彼得在他的书中宣称自己找到了这个令人魂牵梦萦的地方："我一直梦想找到并且生活在那个重重大山使它与外部世界隔绝的美丽的地方。也就是詹姆斯·希尔顿在他的小说《消失的地平线》中所想象的地方，小说中的主人公偶然间发现了他的'香格里拉'，凭着我的设想和不屈不挠的精神，在丽江我也找到了自己的'香格里拉'。"

然而这个山的王国并没有从遥远的地平线上消失，被人们遗忘的"世外桃源"尽管有着种种的苦难，但是无法让这些漂泊如浮云的游子忘怀，无论是洛克还是李霖灿都情不自禁地有一种想法，那就是魂兮归来，葬于玉龙山下。

如今，玉龙雪山脚下雪嵩村里，洛克曾经住过的百年老屋依然还在，虽然岁月沧桑，但他当年种下的苹果树、桉树却依然花繁叶茂。1997年12月，丽江被联合国教科文组织评为"世界文化遗产"，在这笔文化遗产里面，作为第一个向世界全面、系统地介绍纳西民族历史与地理的学者，洛克功不可没。丽江作为"世界文化遗产"，它的意义不只在于保护古老的民居和建筑，更在于弘扬优秀的民族传统文化，保持生态环境和人文景观完美和谐的统一。

人文视野中的三江之旅

长江与其并行奔流的另外两条著名大江——澜沧江和怒江，共同形成了壮观的"三江并流"奇观。在北纬27°30'附近，横断山脉连绵不断的高山形成三条巨大的峡谷，三条大江从青藏高原一泻千里，在2300米的海拔高度流进云南境内，三江并流400公里，最近处直线距离仅66公里，这种景象举世罕见。三江水流湍急，滩险众多，形成地貌奇观，聚居着藏族、纳西族、傈僳族、怒族等少数民族，民风民俗多姿多彩。

在20世纪20年代，西方植物学界把在中国的金顿、弗瑞斯特和洛克称为"三剑客"。有意思的是，这三个人与三江并流的地区结下了不解之缘。

弗瑞斯特1905年就到了中国，成为第一个把云南杜鹃花属介绍到欧洲的人，算是研究杜鹃花属的"鼻祖"。他是第一个在怒江上游发现一种直径达2米的罕见的大树杜鹃的人。这棵被称为"杜鹃王"的大树难逃厄运，被弗瑞斯特砍下其中的一截，动用了16个人把它运出大山，现存于大英博物馆。中国科学家直到20世纪80年代才重新寻到了这种大杜鹃王。金顿在介绍园艺花卉，以及引进商业价值很高的东南亚地区的硬木类方面成果丰硕，因而在西方获得众多的殊荣。当时无论在云南的植物采集还是地理探险方面，美国都远远落后于英、法两国，不甘落后的美国地理学界开始积极策划和物色进入三江探险的合适人选。洛克又紧紧地把握住这次千载难逢的机遇。

1923年10月，洛克同美国《国家地理》杂志顺利地签订了合同，并得到一个颇有气派的头衔：美国国家地理学会云南探险队队长。得到了充足经费的洛克神气活现，此次国家地理学会免费提供了当时很昂贵的摄影器材和大量胶片，并希望他能够大有所获，因为这一带虽然有人进入过，但没有留下足以令人信服的照片。美国国家地理学会这一次的计划是：让洛克沿着长江、澜沧江和怒江，穿越这个地区的主要山岭和峡谷。

长江探古

长江从四川宜宾以上到青海玉树巴塘河口这一段被称为金沙江，全长2308公里，在丽江这一段古称"丽水""泸水"。金沙江从西藏南部流入云南后，大部分成为云南和四川的边界。三江并流从德钦羊拉峡谷至奔子栏一段，江的左边是德钦，右边是四川的德荣。九十多年前，世人对长江上游的情形所知甚少，洛克写道："长江可通航的长度达1500英里（约2414.02公里）。从下游到重庆可通大船，小船可达水富。在宜昌附近的长江三峡在很久以前历史上就有记载，因此也为旅游者所熟知。但是长江连绵三千多英里，其上游不为人所知，出现在地图上的部分河段也只有用虚线标出。"

洛克一行15人的大队马帮于1923年秋末从丽江大本营出发。两天后经过丽江的拉市坝子到达长江第一湾的石鼓。从石鼓溯江而上，江水碧绿如茵，长达100公里的地段，江面宽阔，水流平缓，两岸青柳低垂，随风飘荡。石鼓是马帮进出三江流域的重要枢纽，也是历代兵家的必争之地。

长江第一湾头上的石鼓镇，坐落在临江的一座小山上。山后有一条小河，曲曲弯弯流入长江，小河两岸是层层梯田，稻穗飘香，一幅江南水乡的富饶景象。就是今天，来到长江上游的这个小镇，你也会惊疑历史仿佛在这里凝结了：一条铁索桥，摇摇晃晃，把小河两岸连起来。铁索桥到镇上的入口处，一座精制的亭子内置放着一面直径近两米的大石鼓，石鼓的地名即由此而来。

石鼓一带的长江

湍流江边的石鼓旁,

秘藏着两件传世之宝。

——埃兹拉·庞德

在异国诗人的想象里,石鼓是一个美丽的谜。三国时代,大约在公元225年,诸葛亮率军渡过金沙江南征,传说他在长江第一湾立了一个石鼓。公元8世纪,唐朝李泌将军渡江讨伐大理,他所率领的10万大军没有在战斗中死去,却因水土不服全军覆灭,但石鼓在这段历史上却没有留下任何踪迹。1253年,忽必烈大军进入云南,攻灭了段氏的大理国,建立了以昆明为中心的云南行省。元跨革囊,其中有一路就是从石鼓一带挥师入滇的。据《木氏宦谱·阿良传》记载:"宋理宗宝祐元年……忽必烈亲征大理,良领兵迎于喇巴江口。"当时元军与大理国军队激战于石鼓,尸横遍野,得到纳西人帮助的元军大胜。1277年,当忽必烈的军队进攻缅甸时,纳西人曾与他们一道去作战。现在所存的石鼓上是16世纪中叶纳西土司木高同藏人打仗胜利所刻的铭文。庞德曾用诗画般的语言描绘了这段故事:

如手掌般大的飘雪，

持续下了一天一夜。

雨雪交加，寒风如箭，

大军逼近如闪电，黑色旗子倒落地。

顽敌只顾落荒逃，人头落地堆成丘。

血水飞溅似急雨，盔甲和盾满江堤。

狐狸豺狼从此无踪迹。

关于石鼓，纳西人有许多美丽的传说，最有名的一段是相传木天王让人在他死后把他的所有宝物藏在石鼓一带，并留下一首诗让后人去猜测：

石人对石鼓，

金银万万五。

谁能猜得破，

买下丽江府。

洛克从随行的纳西人那里知道了这个神秘的故事，为此专门带着两个保镖多次重返石鼓寻找石人。石人在离石鼓不远的江对岸，枯水季节才会露出水面。

明朝时，木氏土司达到了极盛时期。云南当时的三大土司府为蒙化、元江、丽江，纳西土司木天王的地盘相当于今天丽江地区、迪庆州、怒江州及西藏、四川南部的盐井、盐源、木里等地。1382年，明朝皇帝派30万大军讨伐云南，丽江土司阿甲阿得率众归顺，被皇帝赐姓木。从此以后，历代土司都采取比较开明的政策，大量吸收汉文化，使经济得到了较快的发展，文化达到了鼎盛。明代大旅行家徐霞客1639年到达丽江，这位旅行家受到了丽江木氏土司的热情款待，土司专门派人到鸡足山为他接风。据徐霞客记载：丽江城区"居庐骈集，萦坡带谷，富冠诸土郡"（《徐霞客游记·滇游日记》），一派莺歌燕舞的太平景象。木土司安排了盛大的宴会欢迎徐霞客，宴会规模之大，菜肴之精美，让广闻博见的徐霞客大开眼界。徐霞客也投桃报李，在丽江安下心来住了一段时间，为爱好汉文诗词的木增校订诗集。木天王拥有数不胜数的金银财宝，他的归宿几个世纪来一直是个谜。洛克曾说："纳西族的考古方面是空白点，他们没有坟墓、坟岗或贝冢。古代纳西族人从不把他们的死人埋葬，而是焚葬，在汉朝和以后的朝代期间，他们不像汉人那样有给死人放随葬品的习俗，因此没有留下器皿或其他物品，使我们无法从多角度对纳西的归属进行了解。在纳西土地上没有古代的石碑、石柱，只有到了明代，统治者才竖起一些石碑。"

来到石鼓的第一天刚好是个街天，只有一条街的小镇热闹无比，洛克带着《国家地理》杂志配置的相机，兴奋地到处拍照。为了得到一个好角度，他甚至爬上一座被当地人视为圣碑的功德碑，拍戏班子唱戏的镜头。三个月前，洛克派了三个得力的纳西族助手沿着石鼓溯金沙江而上，探察周围的形势是否安全和采集标本，这样他的行程就轻松一些。快到巨甸时，他远远地看到一座孤零零的小塔，据说是忽必烈的士兵当年立在长江边的据点。元军在公元1277年远征缅甸时，过江之后曾在此安营扎寨。塔仍然耸立着，但原来的蒙古文铭文由于年代太久而磨蚀了。

1935年，红二方面军突破蒋介石军队重重"围剿"，于1936年4月到达丽江后，在纳西船工的帮助下，从石鼓到巨甸的五个渡口昼夜不停地用七艘小木船摆渡，顺利地摆脱追兵，奇迹般的渡过了长江。长征，给长江第一湾又留下了无数的故事。古老石鼓镇旁的小山上，现在又耸立着一座红军长征的纪念碑。

从长江第一湾的石鼓顺江而下不远，便到了举世闻名的虎跳峡，长江在流入哈巴雪山与玉龙山相对峙的大峡谷后，一改

江边看哈巴雪山

温柔平缓之态，水流湍急。江面最狭窄处仅三十余米，两岸悬崖飞瀑，在峡谷中形成18处险滩。在被称为上虎跳的峡谷入口处，江心有一金字塔形的巨石，当地人称为虎跳石，传说老虎可经江中巨石一跃过江。一位丽江的文人对虎跳峡的险峻曾有这样的描述："飞鸟不敢下，行人到此心胆寒；舟楫不可渡，航人闻之裂心肝。"虎跳峡峡谷深达3000米以上。洛克写道："峡谷本身的景致真是无与伦比，山顶上的岩石覆盖着白雪，似皇冠上的钻石闪闪发光。17000英尺（5182米）的山峰高高地耸入藏族聚居区蔚蓝的天空，而在约 10000 英尺（3048 米）以下的山脚，亚洲最大的河流在奔腾。峡谷变得越来越深，越来越窄，平静的江水渐渐变为汹涌澎湃的洪流，飞溅的浪花冲击着狭窄的河谷。目睹这条江水凶猛的气势，不禁使人毛骨悚然。这条江水冲破众多坚硬的黑色花岗岩，撞击着雄伟的玉龙山山脚。"

虎跳峡沿江两岸只有中甸一侧有在陡峭绝壁上开凿的一条古老驿路。在一个名为核桃园的地方，洛克发现了 14 户从四川迁来的汉族人家，他们与世隔绝地生活在这里。在这个贫困的山村里，赤条条一丝不挂的儿童们无忧无虑地在江边嬉戏，给清贫的生活带来一点儿乐趣和希望。洛克推测，他们的祖先是为了躲避官府或强人的追杀才隐居于此的，在险峻的山谷里虽然贫困不堪，却没有人为的战乱，所以不用提心吊胆地生活。洛克发现，在这样的地方生活有着别样的情趣："道路虽然艰险，但这儿优美的风景难以用语言表述。"他动情地写道："悬崖上长着栎树，高挂在无底的深渊之上，从树枝间透过蓝色的薄雾，隐约可以望见江对面的悬崖。照相机的镜头无法把江和峡谷最高处的悬崖摄进同一个画面。"

在虎跳峡绝壁上的古驿道上行走，不但人为之心惊，骡马也为之胆寒。洛克一行到达虎跳峡中部后，狭窄的小路使马帮不能前行，三尺宽的道路就是行人也须倍加小心。马帮卸下设备和行李，整整雇了30个挑夫，才算把东西运到虎跳峡的尾部大具。第一次的虎跳峡之行花了五天。马帮有几种风格，其中最典型的是藏族马帮，金沙江以西的驿道，云南常用的漂亮、宽大的云南马鞍，在云南西北部的驿道再也不能适用。藏族马帮完全不用马鞍，他们用的藏式驮法是将货物用牛皮紧紧裹起，

虎跳峡

贴身绑到骡子身上，每匹骡子也只驮汉族马帮每匹骡子所驮重量的一半。

虎跳峡的下游，是与中甸和四川商贸往来的必经之路。20世纪20年代到40年代，洛克多次考察这段河流，也渡过长江到哈巴、白地和中甸。虎跳峡的下游在冬天仍然温暖如春，洛克对长满仙人掌的两岸印象很深："这段干热的河谷，两岸长着一种仙人掌。这种属科的仙人掌来源于美洲，但现在广布于云南。"

革囊渡江是黄河上游几千年的习俗，那儿的人把整只羊的肉掏去，留下完整的皮囊，在羊皮的脖颈上留下一个口往里吹气，使之成为一个漂浮物，用它绑在身上渡江或把几个革囊绑在几根棍子上做成一个羊皮筏载物渡江。在洛克长江探险的时代，在虎跳峡下游纳西族的一个分支——日西人中保留了这种古老的习俗。洛克曾这样描述这些勇敢和水性娴熟的日西人："他们在身上绑上一个或两个羊皮，吹胀后跃入江中，任凭水流冲下，冒着湍急的江水，一直漂到他们的村庄。他们宁愿冒这样的风险过江，也不愿走那漫长的岩石山路回家。当然，要这样顺流而下地泅渡过江，必须对这条江了如指掌，否则会被水流冲在岩石上摔得粉身碎骨。"历史上著名的"元跨革囊"，其中有一路元军就是在虎跳峡下游的奉科一带，用革囊渡江去征战大理国的。

千百年来，"万里长江上没有一座桥梁"的论断，几乎成了众口一词。事实上，据史书记载，早在隋朝，一位名叫史万岁的将军就在石鼓上游的塔城附近建了一座铁索桥，唐朝时设

1926年，洛克用柯达第一批彩色胶卷拍摄的革囊渡江。忽必烈占领云南时从丽江地域渡江，有"元跨革囊"一说。

置了行政机构——南诏铁桥节度，铁桥成了古代云南与西藏经济和文化交流的重要纽带。有一段时期，南诏国与唐朝结盟抵御进犯的吐蕃王朝，"南诏异牟寻军用东西两城，斩断铁桥"，大胜吐蕃。经历了战乱纷争的几个朝代，到明朝，铁索桥已荡然无存，但在塔城，"穴石锢铁"遗址仍然保留下来，应当说这是长江上最早的桥梁。洛克在西方首次提到了梓里金龙铁索桥是长江的第一座铁索桥，并把一个罗曼蒂克的民间传说写在了这座桥的历史中。

光绪《丽江府志》上有这样的记载："金龙桥在城东八十里古井里渡，光绪五年（1879年）郡绅总兵蒋宗汉创建。用铁索十六条悬系两岸，宽八尺五寸，长二十六丈，上铺木板，旁护长栏，两头覆以瓦屋。"一百多年前修的这条铁索桥，成了"滇蜀交通之孔道"，不幸于清朝末年被雷电击断了十四根铁链，洛克到江边时，能看到的仅是两条遗存的铁链，他还是得靠革囊渡江。1929年，龙云的部下卢汉在同原云南军阀胡若愚的战争中，重演了南诏和吐蕃兵对抗的故技，铁索桥再次被斩断，只留下一根孤零零的铁链。到了1936年，丽江的两位绅士出资，经过了两年时间的建造，这座古老的铁索桥才又飞跨长江两岸。

澜沧江的迷雾

如果说长江是中华民族赖以生存且独自占有的一条大江的话，澜沧江则是一条多姿多彩的国际河流。多年前洛克就在泰国和老挝的澜沧江下游称为湄公河的河段上漂流过，湄公河对他来说并不陌生，甚至有点儿说不出的亲切感。

澜沧江和古驿道

澜沧江—湄公河流经中国、缅甸、老挝、泰国、柬埔寨和越南六国，全长 4880 公里，跨越寒带、温带和热带气候区，流域资源丰富。按河长排序为世界第六大河、东南亚第一大河，它的功能也是最复杂的：兼具航运、内河、界河和国际河流的性质。河的下游是东南亚文明的策源地。早在公元前 120 年以前，作为流域各国的文化走廊和天然通道，澜沧江就是我国西南地区与流域内各国往来的重要桥梁和纽带。上游的澜沧江完全是另一番模样，它穿行于横断山脉间，高山深谷，水流湍急，石多滩险。大峡谷底部的江流经常笼罩在云烟雾海中。

洛克在进入澜沧江河谷后的心情是很愉快的，没有长江那里的怀古气氛，自然的风光和奇奇怪怪的所见所闻，使他大开眼界。"在这个海拔的高度，晚间的空气沁人肺腑。雨已停，天空晴朗。星光灿烂的天空使我忘怀了一路上的艰辛。"每天晚上的日记是必不可少的，他经常要记一个多小时。1913 年停止记日记后，到 1921 年 12 月 30 日从曼谷出发来中国的路上才又有心情重新开始续记。与待在雪嵩村时不同，这里可写的事情像潮水般涌来，令他眼花缭乱，应接不暇。澜沧江地域虽然也有纳西族，风俗习惯却与丽江城大不相同，这里是藏族、傈僳族等民族聚居区的接合部。

云南那时食用的是岩盐，盐中不含碘，所以在山区中大脖子病流行。洛克路过维西附近时，看见一个村的人都是面目狰狞，把他吓了一跳："在嘎嘎塘这个地方看到的场面太奇怪了！我从来在别处没有看到过甲状腺肿瘤（大脖子病）像这一带流行。人们的喉头吊着一个有规则形状的袋子，就像袋鼠的育儿袋一样。一个半瞎的男人，吊着一个硕大的嗉袋。"

从长江与澜沧江的分水岭到叶枝，仍然还属于纳西的领地，宗教迷信也特别盛行。多宗教的信仰在这里得到了体现：一个人死后，要请喇嘛念经，也要请纳西东巴跳神，有的村子人死后居然会把死人存放在庙中数年，原因是卜卦的先生说要根据死者的生辰八字和卒时，等天上的星星和月亮到了合适的位置才能下葬。纳西族原来也像藏族和其他山地民族一样，实行火葬，明朝后像汉人一样用棺材了。洛克一般在情况不明时不打扰村民，总是爱在村边的庙宇中留宿。但在这一带，几次他想在庙中留宿时，间间房屋内都是死人。"我不想与死人为伴，找到一间看上去不错的房屋，进去一看，里面也放着另一具尸体，棺材还在刷漆"。所以，一般他还是到村中看上去最好的房屋去投宿。

在鲁甸，江两岸有许多小平原和缓坡地带，硕果挂满枝头，农业较附近其他的山区发达。行进在这样的美景中，洛克注意到与高山相间并行的大峡谷，从澜沧江石登至中排峡谷，风景都很幽美，但狭窄的小路和大峡谷，则对马帮的行进构成危险。"恐怖的澜沧江峡谷似乎要把我们吞没，我们的马帮看上去就像巨岩上的小路上的小黑点儿。最好是在早上10点以前通过小路最狭窄的地段，因为稍后，会有呼啸可怕的大风从干燥的峡谷中刮来，使得通行很不安全。最近就有一个人被风吹倒，掉进深谷丢了性命。他的尸首就埋在出事地点的大圆石下。峡谷中又干又热，风也是热的，对牲口和人来说，这样的旅行真是艰难"。

从维西进入澜沧江峡谷后，沿途的所见令洛克迷惑不解：在澜沧江河谷，当地人所种的最重要的粮食作物竟是美洲印第安人的玉米！洛克惊呼："是不是在美洲大陆被发现之前亚洲人就知道了玉米？由于玉米的来源没有任何书面的记载，这个令人迷惑的问题仍是一个谜团。"

"沿着澜沧江的深沟，可见到许多500年前由一个丽江的纳西王建造的土筑的瞭望塔。这些村子让我想起了美国西南的胡比印第安人。当地人在平平的屋顶上晒干黄色的印第安玉米，用大圆木刻成一道一道的槽当楼梯。"

　　位于澜沧江一条支流永春河畔的维西，只有三条一眼可望到头的小街和九条小巷，虽然有一座城墙，使维西人感到自豪。维西是个小地方，民国元年才设县。维西海拔较低，地势平缓，雨量充沛。世界上的植物活化石珙桐在维西附近随处可见。维西是滇金丝猴的乐园，从它在 1915 年被英国人发现之后，据说已经绝迹，但后来发现在澜沧江上游的维西和德钦大山深处还有滇金丝猴的存在。这种稀有的灵长类动物现在名声远扬，1999 年，中国昆明的世界园艺博览会把它作为吉祥物。在有土匪骚扰的其他几次探险中，洛克难得有这样轻松的心情："空气清新，阳光明媚；鸟儿在歌唱，所有的一切都尽情地享受着生命的快乐。"在维西休息时，洛克一路收集的标本经整理后寄往美国。虽然只有一个邮政员的维西邮政所连海外邮资都算不清楚，而且这么多的包裹和邮件把所有邮票用完了还不够，洛克只有付路费给邮政员，请他用"特快专递"的方式送到丽江。最后，这些包裹、信件居然都完好无损地到达了美国华盛顿。这在 20 世纪 20 年代，不能不说是个奇迹。

维西的叶枝还是土司在统治，其强大的势力远达独龙江的独龙族地区。虽然土司是纳西族，却是靠喇嘛教的势力来维持其统治。历史上，土司是从丽江的木姓而来，在康普、叶枝一带做千总，千总为了区别于木姓，在木字上加了一撇为"禾"。在雍正年间，传位到了幼儿，夭折，于是由禾娘和她的婆婆禾志明职掌千总，并捐巨款修建了澜沧江和怒江流域的康普寿国

叶枝王土司

寺、喇普达摩寺、维西阑经寺和罗吉古喇嘛寺、贡山普化寺等五大喇嘛寺。当时喇嘛寺宣扬"光明普照，佛慧无量"，在纳西族和其他民族中有众多的信徒。洛克路过叶枝住在这家时，土司已经不姓禾，而是姓王，因为家族中没有儿子，招了一个王姓女婿上门，后代也就改姓了王。洛克把他称为"最后的纳西王"。因为只有这位土司还有些实际的权力，而丽江的木氏土司在1723年改土归流后一年不如一年，早已没有什么影响力了。

澜沧江流域从叶枝、康普以上，聚居的纳西人就不多了，傈僳族占多数，从燕门到德钦，则是藏族为主。傈僳族主要生活在三江流域，人口现在有五十多万，也是属于氐羌族群的后裔，藏缅语族的一支。在当地，澜沧江称作"兰津"。到16世纪，才在头人"木必扒"的带领下，渡过澜沧江，翻越了碧落雪山到达怒江。在那时，大部分傈僳人仍过着狩猎和采集的原始生活。明朝杨慎的《南诏野史》中记载了南诏属地的各种蛮夷，对傈僳人也有记载："衣麻披毡，岩居穴处，利刀毒矢，刻不离身，登山捷若猿躁，以土和蜜充饥，得野兽即生食，尤善弩。"傈僳人在古代多次大规模地迁徙，因而居住的区域很大，形成与其他民族杂居及小块聚居的现象，经济上较为落后，虽然在三江地带已开始农耕，但处于刀耕火种、轮歇耕作的方式，要靠渔猎和采集才能补充粮食的不足。傈僳人也受到周边势力强大的纳西族、白族、汉族、彝族和藏族土司或领主的盘剥，并定期向强人纳贡。一些土司对无力纳贡的傈僳人就强掠为奴隶。为了保护自己，一些傈僳部落很强悍，经过傈僳部落，特别是南面的黑傈僳领地，是很危险的。一个探险的德国人布仑忽贝，1908年带着两个黑人保镖和精良的武器，从缅甸才进入怒江，就因同傈僳族发生矛盾而被杀。洛克在这段路程中，除了通过随从同他们搞好关系外，还通过当时在傈僳族中已有影响的教会来通融。洛克写道："傈僳，是一个云南西部野性的部落，定居在这附近。就像怒族一样，他们能熟练地使用弩，是机警的猎人。从小男孩儿就带着弓箭，从最小的鸟类到硕大的黑熊或过路人，都会是他们的攻击目标，他们用的箭很大，箭尖涂着毒药。"

越往澜沧江的上游走，喇嘛教的影响越显著：大堆的玛尼堆，大大小小的喇嘛寺。澜沧江在本世纪初，正是喇嘛教和洋教两种宗教势力较量的战场。

很难想象，当时在云南，竟有一万二千多天主教和基督教的传教士活动在崇山峻岭中。洛克对传教士很反感，几次与传教士同行关系都很僵。但在中国西部这些荒毛野地,西方的同类除了传教士和偶尔进来的军人探险家,还会有什么人呢?澜沧江河谷和怒江河谷,由于贫穷和封闭,洋教居然大为盛行,开始与几个世纪来流行在这个地区的喇嘛教分庭抗礼。

鸦片战争后,1878年,英国取得了在云南、西藏、四川、青海的活动权,势力开始扩展到藏族聚居区的边沿地带,经过

带弩的傈僳少年

三次战争，南面的缅甸成了英国殖民地。强盛一时的英国不断地从片马进占和蚕食中国的土地。越南成为法属殖民地，法国在云南的势力也不示弱，从越南修建了滇越铁路通向昆明，云南在那时实际上已沦为法国的半殖民地。

马帮之旅并不轻松。洛克写道："晚饭之后，有许多工作要做。要详细地记日记；曝光的胶片版要包装好并在一个小的暗袋中换上新的胶片；采集的植物要贴上标签。当最后可以在营地的小行军床上舒展一下筋骨时，'非正式'的那些事又接踵而来。光着脚的赶马的男孩儿来报告说一只骡子不见了；另一个人被开水烫伤了；第三个人发烧或头疼。"在漫漫的长夜，洛克有时也无法入睡，他长久地注视帐篷与马帮给养垛子围成的矮墙，以及山间露出的月亮和乌黑的山影。帐篷外露宿着横七竖八的壮实的卫士和随从，整夜燃烧的熊熊篝火照亮着黑暗的苍穹。

沿着澜沧江东岸走了七天，总算到了茨中。派出的纳西助手已经在澜沧江、长江和怒江的广大地区收集了许多种子。茨中教堂的欧福德神父事先也得到洛克助手的通知，知道了洛克到来的时间。从澜沧江东岸过河到西岸才能到茨中，但是茨中有一条溜索，好心的欧福德神父特地派人叫洛克从茨姑的双溜索过河，虽然绕点儿路，但是双溜索比起单溜索来，要安全和容易过一些。

茨中教堂是清政府镇压了反洋教运动后，用赔偿法国传教团的银子重新修建的。坐落在澜沧江边的这座具有中西建筑风格的教堂，规模庞大，占去了当时茨中村一半的地皮。教堂的大葡萄园栽着法国葡萄，在金秋时节果实累累，图书馆藏书丰富。能喝着教堂酿制的地道法国葡萄酒，在晚间听着阵阵传来的熟悉的莫扎特和肖邦的钢琴曲，洛克觉得在大山中居然能体味到欧洲的风情，真是不可思议，似乎到了中国人所形容的"世外桃源"。

澜沧江的早晨经常会有细细的雨丝，不易察觉的雨丝充斥大森林密闭的空间和江面，可以感到处处弥漫的无孔不入的雾气。我常想，几百年来澜沧江峡谷充满了多民族的风情、各种宗教的冲突，外面的人只能在偶尔的一瞥中，在澜沧江的迷雾中窥视到一点点儿斑斓的色彩。

洛克在从怒江的回程路上，又经过另一条路，跨过了多克山口到了德钦地段的澜沧江。澜沧江峡谷在这一段更是显现出它野性的一面。洛克这样写道："通过一个狭缝，我们最终再次到达了澜沧江峡谷，河就在下面的远处。我们现在进入了一个更深和更可怕的峡谷，绝对荒无人烟，河流穿过峡谷绕了一个大弯，像是有些痛苦的，就像一条蛇，要从一个窄窝里舒展自己的身体一样。"

茨中教堂是洛克三江探险的基地，他在茨中稍作休整。在欧福德神父的倾力帮助下，洛克在附近村子雇到了14名脚夫，其中有纳西人、怒族人和藏族人，着手准备去怒江的旅程。去怒江的旅行就这样开始了："我们在一个凉爽的清晨出发了。我们把马队留在后方，只留下了坐骑、行军床、粮食、厚衣服和毯子，以及所有必需的照相器材。"

怒江天险

怒江，一称潞江，我国西南地区大河之一。源出青藏高原的唐古拉山南麓，斜贯西藏自治区东部，入云南省后折向南，经怒江傈僳族自治州、保山地区和德宏傣族景颇族自治州出国境入缅甸，称萨尔温江。流经怒山、高黎贡山之间时，谷深流急,真是"怒水忽中裂,千寻附幽泉"。

高黎贡山和碧罗山两大山脉形成的怒江大峡谷,长310公里,平均深度约2公里,汛期呈U型,仅次于美国的科罗拉多大峡谷(全长348公里,深1.7374公里),为世界第二大峡谷。山高峡深,坡陡少平。有片马河、怒江、楚依大河等40条河流汇入,分属伊洛瓦底江和怒江两大水系,气候随海拔的高低变化而呈立体性特征。这个地区人迹罕至,从而保留下了许多稀有、珍贵的动物,故有"小动物王国"之称。多层次、多品种的野生植物的生长、繁育,给动物的栖息提供了优异的自然条件。

洛克到怒江的旅程只花了12天。从大本营茨中出发,马队"嘚嘚"的铁蹄踩得一条新建的驿道石板上火星四溅。这条小路是澜沧江通向怒江的一条捷径,当时法国传教士雇佣傈僳人修了五年才完成。小道一直沿溪谷一侧盘绕而上,随着水流渐渐升高,路上时有山溪或是大的瀑布跌落而下,人马经过时不可避免地会被浇一身凉水。粗木搭成的桥又湿又滑,挂着绿森森的青苔,有时还横陈着倒下的巨树,人马不得不钻过去。所有的树木都缠挂着厚厚的绿毛或蛇一样的藤蔓。马帮爬过碧罗雪山的一个"垭口",沿着希拉山口一条小路可抵达怒江河谷。

回头向来时的方向望去，洛克看到"宏伟的景象展现在眼前：远处的下方是奔腾的澜沧江；茨姑的溜索依稀可见；向东边望去，耸立着巨大的白马雪山山脉，此山把澜沧江和长江隔开"。到了澜沧江和怒江的分水岭，"当我们爬到山顶，立刻，松林融入了落叶的野樱花、红枫、杜鹃林中，就像在画中一样"。

秀丽的风景就这样不断地变幻着，对于植物学家和迷恋于摄影的洛克来说，这儿巧夺天工的植物群落奇观令他陶醉在大自然中："我们处在了另一个世界中，四处是枞树林，粗大的树干，高度大于150英尺（45.72米）。大白杨树在枞树林中亭亭玉立，形成一个高于地面90英尺（27.432米），可爱的树叶构成的天棚。"

洛克的文章多次提到了这个地区特有的一种交通工具——溜索。澜沧江和怒江上游，江窄，急流滔滔，无舟可渡，两岸鸡犬之声相闻，要相遇则要走一天以上。据说溜索是怒江和独龙江峡谷的怒族和独龙族发明的，后传到了澜沧江峡谷。长江上则没有溜索，用的是铁索桥。大峡谷峭壁千仞，危岩嶙峋，江水湍急，直接从江面上渡江是绝对不可能的。自古以来当地人只有使用竹制的溜索，人和牲口要过河只有一条路，那就是过溜索。这些溜索是用竹篾制成的，用特制的弩射到河的对面，在两岸打桩固定、系牢。

溜索有两种，一种叫"平溜"，一种叫"陡溜"。"平溜"只有一根溜索，两端高度基本一样，无论从哪边滑，到了江心中间都要攀爬到对岸。这种方法安全一些，但很费力。"陡溜"为两根溜索，一来一去，一高一低。坡度大，眨眼工夫就能溜到对岸，可带人带物过溜。怒族随身都必带一种过溜索用的夹板。

第一次在茨姑乘坐溜索时，洛克被吓得半死，但他没有退路。成万的朝圣者，不管男女老少，都要克服巨大的恐惧，通过溜索到峡谷西面的太子雪山去转山。他拍摄的溜索过江，特别是牲畜过溜索的场面，让美国《国家地理》杂志的编辑们大开了眼界。虽然他们不太喜欢洛克略显生硬的文章，常大刀阔斧地删减并加以润色，以致洛克每次回到美国都要和他们吵得面红耳赤，但洛克的照片太令人震撼了，他披露了当地现实生活。洛克对溜索又怕又爱，"回想起来，我必须承认我实际上很喜欢滑过溜索的那种感觉"。

溜索过江

竹制的溜索不耐腐,三四个月就要换一次。当时的云南,直到洛克三江之行二十多年后的20世纪40年代,平均的收入是每天15美分。而换一条溜索要花3美元,必须由村中共同支付。

沿着陡峭的山麓下山,沿途的风景随着山势的降低变成了亚热带的雨林。这是洛克所见过的最好的雨林。"地毯似的苔藓植物覆盖着地面，黄色的、长胡子一样的青苔像彩带一样挂在巨大的树上。银色叶片的杜鹃树形成下层的丛林"。

生活在怒江沿岸的怒族是滇西北高原一个古老的民族，到现在人口也才有2万多人。他们的语言属藏缅语系，但究竟属哪一个语支，国内的学者们至今也没有确定。怒族部落之间的方言差别极大，有的部落之间隔座山语言上就难以交流。生活在怒江地带的怒族非常贫穷，他们有自己的传统文化和生活习俗。落后的生产方式使得这个地区长久以来还处于以物易物的交换方式，虽然无盐，无马、骡，民风却极为淳朴，从没有盗窃的现象，路不拾遗。到明朝，在《百夷传》中才第一次有了怒人的记载，到清朝乾隆时期的《丽江府志略》，才较为详细地描述了怒族："怒人，居怒江边，与澜沧江相近，男女十岁后，皆面刺龙凤花纹……男子发用绳束，高七八寸；妇女结麻布于腰。采黄连为生，茹毛饮血。其最远者名曰怒子，语言不通。"最受纳西人欢迎的、由怒族生产的竹器和麻制品，加上作为贡品的黄连，是怒族唯一能与外界以物易物换盐和生产工具的产品。洛克携带的现金让他第一次感到金钱的毫无意义。"这个地区的人只愿意用茶和盐做交换品而不是现金。钱没有

洛克与怒族人

实际的价值,因为城镇距离遥远,也没有什么东西可买"。

> 蒙蒙细雨,
>
> 漂荡于河流,
>
> 冰冷的云层闪烁着火光。
>
> 黎明的霞光中大雨倾泻,
>
> 木楞房顶下灯笼摇晃。
>
> ——埃兹拉·庞德

庞德的诗很有一种美的意境，而现实的生活是残酷的。怒族的生存条件很差，木头搭成的小房，房的中间是火塘，火塘和屋顶之间还悬着竹架子，以便烘干搁着的木柴等杂物。为了保留火种，一年四季火塘的火都不会熄灭。高大的密林包围的一小块地上冒着烟的残留的树桩，就是这一带随处可见的烧荒痕迹。洛克注意到：60°到70°的陡峭山坡，仍然是怒族赖以生存的坡地，上面生长着稀疏的玉米，当地称之为苞谷。怒族采用刀耕火种的原始方式进行农业生产，到哪儿就放把野火烧倒一片树林，在灰烟中撒些玉米、豆类就不再管，9月的收获只用掰苞谷棒子回家就行。逐年轮着烧荒虽然毁坏了不少森林，但那里地广人稀，对生态系统无太大的影响。洛克发现这里还有买新娘的习俗，江边的怒族村子经常大宴宾客，一个村子都为一家人买到了一个新娘而兴奋无比。怒族的性格豪爽，酒量惊人，洛克注意到："他们生活的主食只有玉米。他们也用它来酿酒，喝酒很多。"

怒江的支流在有些地方很平缓，怒族把大圆木掏空，做成一种称为"猪槽船"的独木舟来渡河。在多雍龙巴河，既有一条溜索，也有渡口可用，在夏天河水湍急时，溜索是更安全的过河工具。洛克还是害怕过溜索，情愿随喝得醉醺醺的怒族船

怒江支流多雍龙巴河汇入处的渡口

夫们坐独木舟过河,到了现在被称作贡山县的菖蒲桶。菖蒲桶那时很小,洛克在给美国《国家地理》杂志的一篇文章中描述了当时的荒凉景象:"菖蒲桶分布着四十所房屋的村庄,土屋顶用巨大的石片覆盖。村子坐落在一片由两条流到怒江的支流冲积成的平地上。1905年以前,一座壮丽的佛寺矗立在橡树林中,但是那一年法国传教士被杀之后,这座庙也被烧毁了,阿墩子及其他北边的藏传佛教寺庙也遭了殃。菖蒲桶的寺庙遗留下来，像是一所荒芜的废墟，由四个贫穷的喇嘛照料着。穿过狭窄的石头街巷的马帮给寂静的山村带来骚动。"

"我们的路线通向了无比壮丽的大理石峡谷，怒江从峡谷底穿过。两岸耸立的绝壁垂直而立，有几百英尺高，很多地方危石摇摇欲坠。到处是大理石的石壁，石缝中长着满是浓密树叶的小树。峡谷的两壁流着山泉，路只有巴掌宽，有的地方搭着几根木头，人过时必须把脚指头贴住石壁，手攀紧峭壁获得平衡，像甲虫那样侧身而过，河水就在脚下咆哮。"

洛克向目的地怒江和澜沧江的分水岭高黎贡山进发。高黎贡山垭口上的冰雪5—10月才会融化，"眼前可见怒江—伊洛瓦底江最高峰分水岭巨大的冰川地带，但此处的景色却是真正的热带景象，与澜沧江沿途所见的完全是另一个不同的世界，老鹰飞过去的距离仅仅几英里"。沿着险峻的山路往山上爬，慢慢地不再见到江边的阔叶林，密密的针叶林和高山草地展现在洛克的眼前。队伍越走越缓慢，马匹和赶马的藏人有点儿喘不过气来。放眼望去，海拔3848米的高黎贡山垭口就在前方山梁上，山梁上的圆石头路上多有山溪伴随，像是银色的披肩发散开着垂下。白云缭绕的蓝色山脉之下就是独龙江了。

云散雾尽的时候，洛克在山顶看着深谷中的独龙江，江水碧绿，像一根绿玉的项链镶在东西两列大山形成的峡谷底下。巨大的绿色山坡上，马帮驿道曲折蜿蜒伸到江底。高黎贡山山顶上总是云雾缭绕，只有在10月和11月两个月，有机会看到无云的峰顶，时间也很短，不一会儿又是云遮雾障。在一个一个晴朗无云的早晨，洛克终于看到了绝世无双的山峰，山峰在蔚蓝色的天空衬托下轮廓分明。茂密的山林小道中，洛克饱览了高黎贡山的秋色。他写道："秋色难敌，枫树呈金黄色，其他的是深红色，而白桦光滑的树皮呈古铜色，巨大的树干卷成一团，在早晨的阳光下闪闪发光。所有的树叶变成了半透明的，与阴暗的杉林形成鲜明的对比。"

怒江之行使洛克在植物的采集上大有所获，秋天正是果实成熟的季节，经济作物的果实和观赏植物种子价值很高，寄到西方后还可以繁殖。洛克也详细地披露了西方最热衷的云南杜鹃花在独龙江和怒江的分布情况："一个杜鹃花整齐划一的天堂；仅在这个区域，就可以采集一百多种植物种类。我们的右边，是白雪皑皑的高度大约是16000英尺（4876.8米）的金字塔尖形的山峰，左边是灰色石灰石形成的圆形屏障，上面有许多小山峰。"

大理石峡谷

虽然到了高黎贡山，看到了远处蜿蜒在深谷中的独龙江，洛克为没能到独龙江这个神秘的地方感到一丝遗憾。大雪封山的季节马上就要来临，他还有几座雪山要翻过，一旦大雪封山过不去就得困在独龙江或怒江半年之久。独龙江两岸的大山顶峰从每年的10月开始,积雪达6—10个月,整个河谷变成一条与世隔绝的孤岛。望着可望而不可即的独龙江,洛克只有叹息道:"那个地区仍然未被探察过,是植物学家、地理学家的处女地。"高黎贡山山脚的温和气候伴随着处处潜伏的毒蛇,使探险又增加了一份惊险。随行的保镖讲给他听的独龙人对付毒蛇的招式,更是令洛克毛骨悚然:独龙人万一被毒蛇咬了,就抽刀拦腰砍断毒蛇,把砍断的血淋淋的蛇尾部分的断口按在伤口上,据说这样蛇尾会自动吸回人体里头的毒汁。

居住在中国的独龙族有两千多人,大部分独龙族居住在独龙江下游的缅甸。新中国成立前,独龙族一直被称为俅人。当时独龙族实行多妻制,认为几个姐妹共嫁给一个丈夫,可以和睦相处,亲上加亲,财产和劳动力不会流失。独龙族当时对外界仍然是个谜,洛克只有道听途说地得来一点点儿信息:"跨过分水岭,就是俅子的故乡,一个原始的、不伤害人的丛林居民,汉人告知我们,这个民族像猴子一样生活在树上。"洛克由此对这个人数不多的民族平添了一丝牵挂。他回丽江后仔细查阅了能找到的几本古时的方志,在《云南通志》上查到了俅子的有关记载,外国人看不懂,他在描述中把文言文变成了易懂的文体:"据《云南通志》第202卷第19节记载,俅子居住在澜沧江大山脉以外,他们属于鹤庆、丽江迤西的边远部落。他们的住房用草编成,上面盖以树皮。男子的头发散乱,穿着短的麻布衣服和裤子,但不穿鞋子。妇女戴大的铜耳环,她们的衣服也是麻制的。他们种植各种黍类,采黄连为生。他们性情善良,不用缴纳赋税。大多数俅人住在山洞里,穿树叶做成的衣服。他们尚处于原始的状态,俨如太古之民。俅子和怒子是邻居,但俅子害怕怒子,不敢越过边界。"在怒江也有少量的独龙人,但都会说怒语。洛克在山上遇到了一个独龙人,高兴地给他拍了照。这张照片在西方很有影响,是第一张外界知晓的独龙人的照片。

高黎贡山的深秋来临,山顶上已有绵绵飘落的雪花。山口处天气多变,突然而来的暴风雪让洛克只得往回返。刺骨的寒风从西面刮来,呼啸着吹过分水岭。冬天就要来临,洛克回到怒江边,循着另一条道返回到澜沧江。

从地域的分布上来看,中国少数民族主要聚居在中国西北到西南的一条狭长地带,人类学家把这条地带称为"民族走廊",55个少数民族在这条走廊上的就占了一大半。"民族走廊"大体上是甘肃、青海、四川西部、西藏东部到云南,延伸到了缅甸北部、印度东北部，这些民族的语言大部分是汉藏语系藏缅语族，属古代氐羌族，纳西人则是古羌人中的"白狼人"。洛克在中国西部的探险，恰好就在这条走廊上。居住在岷江、大渡河、雅砻江、金沙江、澜沧江、怒江峡谷中的少数民族特别密集，文化上的相互影响也很大。但西方和中国内地对这些

独龙人

所谓的蛮夷之地所知甚少，中国的古代文献对这些少数民族的记载也是轻描淡写，不甚详尽，以至到现在，"民族走廊"上各民族的族源众说纷纭，传说居多，有力的证据偏少，更谈不上站在考古、各民族语言的内在关系、体质人类学等理论的高度去加以研究了。洛克在20世纪20年代对这些地区人文、地理、风情的纪实性文字，是现在的民族学研究的重要史料，特别是许多已消失的文化宗教现象，有的成了经典史料。这是在三江探险中，洛克对民族文化作出的另一个重要的贡献。

洛克能谋到美国国家地理学会云南探险队队长一职，与他前期为美国农业部的工作口碑甚佳有很大关系。但是不知是什么原因，三年之后，这次三江探险的经历才披露在美国《国家地理》杂志上。而这以前，《国家地理》杂志已经推出了他图文并茂的四篇文章《纳西的驱魔仪式》《寻获大风子树》《黄喇嘛之地——木里》《一位孤独探险家的经历》，后两篇文章实际上是完成了三江之旅继续去木里探险之后才写的。

黄喇嘛之地木里

在横断山脉的深处,有一个奇异的喇嘛王国在本世纪初向世界揭开了她神秘的面纱,而在很长的一段时间,这片地区几乎无人知晓,这就是与泸沽湖一山之隔的木里。木里,藏语中是高邈而宽广、美丽的意思。只有像雪山上翱翔展翅的鹰一样俯瞰,才能感受到在这片神的土地上,大自然是多么的雄伟壮丽。

山外有山

1924年1月中旬一个寒冷的清晨,在玉龙雪山脚下一个名叫雪嵩村的小村子里,寒冷的北风卷起扇子陡雪峰上的片片雪花漫无边际地落下来。天还没有亮,几个纳西小伙子就早早起来准备骡马和行李。这么冷的天气出远门可不是一件愉快的事情,况且离春节只有一个月了,能不能在春节前赶回来与家人团聚还是一个问题。他们几个昨晚一直在议论这件事情,他们说那个美国人洛克真是一个不可思议的人，他对已经决定的事情一定会坚持到底，有时倔得像头牛，别人的话一点儿也听不进去。在一年多的时间里，为了采集各种花花草草和捕获飞禽走兽，他们和洛克博士跑遍了丽江附近的大雪山和大峡谷。在几个纳西小伙子的眼中，这位洋鬼子是一个不安分和永远也闲不住的人。前年和去年的秋天，他们曾两次随他到过蛮烟瘴气的澜沧江和萨尔温江河谷采集植物标本。前年有人跟洛克谈起过木里王国的宫殿如何富丽堂皇，穷山沟里能有如此光彩夺目的地方，他半信半疑，便修书一封让一个纳西小伙子跑到木里给木里王送信，告诉木里王他想到木里去。但满怀狐疑的木里王却谢绝他入境，借口是土匪太多，无法保证他的安全。但纳西人都知道，只要有木里王一句话，任何人都可以在木里畅通无阻。当时洛克忙碌于采集植物标本，这事就被耽搁下来。但洛克着实心有不甘，想到离开中国后有可能再也没有机会探寻神秘的木里王国了，便一直想入非非地想到木里去看个究竟。他到丽江城找到地方官员，要求他们给予帮助，没想到他们却极力劝阻，说春节前正巧路上土匪猖獗，这时候上路实在是太危险。但洛克这次是下定了决心，一意孤行，纳西小伙子们虽然不太愿意在这个天寒地冻的时候去木里，但厚朴的纳西人还是不想让洛克太失望，不管木里王欢不欢迎，人家硬是要去他家门口，木里王不好意思也没有办法不款待远到的客人。

直到天亮，洛克马帮的11匹骡子和3匹马正准备出发，丽江的官员派遣护送的10个士兵才姗姗来到雪嵩村。他们带了几条奥地利1857年造的步枪，步枪大多破烂得快散架了，有的步枪的零件用绳子勉强地捆在一起，有几个士兵年仅十四五岁，如果路上真的遇上土匪，真不知道是谁来保护谁。洛克看了大失所望，挑了其中的6人，又让其他几个人加入随行的商队。

这一天的西北风刮得特别的猛，天气又冷，洛克的马帮沿着玉龙雪山的东麓前行。雪山东麓是通往永宁的必经之路，洛克和他的纳西小伙子们两年来曾多次到这些地方采集植物标本，但冬天的干海子枯黄的景象很难使人联想起夏天的繁花似锦。涉过寒水自碧的黑白水，到了林海苍茫的云杉坪，风才渐渐减弱下来。遥望着挺拔高耸的雪山，洛克嘴边露出一丝得意和自信的微笑，他心里美滋滋地想："我将是第一个探访木里王国的白人，即使不是第一个，在100年内也算得上是屈指可数的几个。"

尽管如此，洛克对木里的一切却只是一个抽象的地理概念。虽然在地图上丽江距木里只有一百多英里，但至少要在崇山峻岭间长途跋涉11天才能到达木里王国。而木里对于纳西人来说并不陌生。丽江的纳西人冬夏两季都要祭祖，冬祭称"祠本"，夏祭称"塔布"，这种重要的宗教民俗活动目的是缅怀纳西人祖先的迁徙路线。祭天、祭祖生献时，要追忆先祖的光荣业绩和从北方迁徙到今日住地的沿途各站，如：木里、永宁、鼠罗、俄亚、洛吉、白地、大具、黑白水、甲子、白沙、丽江等地。举行开丧、超荐道场仪式时，则要将死者从家中一站一站地沿着先祖迁徙过来的路线，送回木里以北方向的先祖故地。木里在纳西人民族历史的传统教育中是很神圣的一个地方，也是纳西民族文化传承的一个重要驿站。纳西族源于远古时期居住在西北河、湟地区的古羌人，在古代曾南迁至岷江流域，又西南至雅砻江，复又西迁至金沙江上游，定居于长江第一湾，从此分成东、西两个方言区，东方言区的宁蒗、盐源、木里等地的自称纳日人，宁蒗和永胜的一部分自称纳恒人，木里项脚的还有拉惹人。明朝中叶以后，丽江土知府木氏土司势力不断向北发展，管辖范围远达西藏的盐井、芒康及四川的巴塘、里塘一带，木里一带也曾在木天王的势力范围之内。木里无论在历史、地理、民族、文化和政治上都与纳西人有着深深的血脉联系。

二者间的差异是，西部方言区的纳西人有象形文字，而且经济文化上更加发达，而这个文化中心则是以玉龙山为其象征。

在云杉坪的大草甸里，洛克拍摄了一张玉龙山雄伟的最高峰扇子陡的照片，向东北方延绵的玉龙山脉遥遥指向长江以北的木里。在扇子陡上能看得见迷茫中的木里王国吗？在这一瞬间洛克已经想好了为《国家地理》杂志撰写的游记的题目：《黄喇嘛之地——国家地理学会探险家访问中国云南省丽江雪山之外的异域木里》。尽管他后来在文章的一开头就指明木里位于四川省的西南端，为什么他不用《黄喇嘛之地：四川省西南部的异域木里》为标题呢？冥冥之中他似乎参悟到了玉龙大雪山与隔江相望的木里在文化上的内在联系，而行政上的地理位置已变得无足轻重，所以他在文章中选用的第一张照片就是玉龙山的雄姿。

据说在天气晴好的时候，在玉龙诸峰能眺望到数百里之外贡嘎岭的雪峰，沿着玉龙山东麓通往永宁的古老驿道上，越往北走，洛克越能感受到丽江与木里之间的这种联系。这次到木里，洛克得以摆脱劳神的植物采集工作，能有闲情逸致欣赏一下沿途美丽的自然风光和奇异的人文景观。然而在洛克的笔下，这是一次艰辛的旅行，洛克的心情也随着山路的曲折而跌宕起伏。高山峡谷中崎岖的山路十分险恶，幽静阴森的密林中，白雪覆没了林间小道。洛克在文中写道："道路很差，小道上的石灰石像刀片一样的锋利。"而更令人担忧的则是路上土匪的出没。出发的第一天，在离丽江城仅仅二十多英里的地方，洛克就看到了树林中的一口空棺材。据说一个多月前汉人的士兵和1200名藏族土匪在这冷杉林里打了一仗，藏人仅伤亡一人就击溃了汉人的部队，这口棺材就是汉人弃下的。但一路上也并非乏善可陈，在丽江以北的山林中杂居着纳西族、彝族、傈僳族和普米族，洛克拍摄了好几张彝族和傈僳族等少数民族妇女的照片，并附在《国家地理》杂志的文章中，由此可见他对民俗风情的浓厚兴趣。但看到贫困的彝族妇女和枯瘦如柴的儿童，洛克的心里就很难过。在出行的第二天，这种忽上忽下的心情在大自然的美景中以抒情的笔调流露出来："在这无欺无诈静谧的森林中，鬼魅一样的居民使我情绪低落，直到我到达位于山腰的一个名叫鸣音的纳西村落，从这里眺望丽江的雪域景色，真是美不胜收，特别是像城垛子一样的玉龙诸峰的无限风光更是令人为之倾倒。我们后来在山顶上俯瞰着小村子的一间可爱的寺院里过夜。太阳落山后，灿烂的霞光从山垛间倾泻下来，雪峰像一条冰清玉洁的蛟龙浮游在空中，而深谷中则弥漫着青烟一般的迷雾,满月的银光映照着清冷的雪峰和冰川。"洛克注意到,这里的纳西人与丽江坝子里的很不一样,在蜿蜒的群山和密林中过着一种与世隔绝的原始生活。妇女的服饰与丽江的也不一样,下着白色的花边褶裙,上着一件短夹衣,耳朵上垂着银或铜的大耳环。洛克形容这些纳西妇女很恋家,像小鹿一样羞怯。第二天一大早,洛克便早早起来,看到这样一幅图景:"太阳还未升起前,我站在寺院门口的平台上,看着雪峰由灰色变成粉红色,不久,整个山脉就被染成血色一样的鲜红。我们脚下的村舍升起的缕缕青烟则像一层神秘的面纱萦绕在杉林的尖顶上。"

洛克的马帮可以说是一路顺风,第三天他们碰到了从四川打箭炉(今四川康定)来的西藏马帮,得知一路上没有土匪出没,便安心地与纳西牧羊人在雪山悬崖下的一条小溪边过了一夜。第四天晚上他们摸黑到了江边陡峭的山崖上,在一个纳西小村子的玉米地里宿营,夜里豹子的嚎叫惊了骡马,于是洛克等人向漆黑的空中开枪来吓跑野兽。早晨醒来,发现这里地形险要,气象万千:"扬子江大峡谷的景色非常壮观,言辞难以形容这些壁立千仞的高山的庄严。从山巅往下看,几千英尺下面的大河像一条蓝色的长带。在我们的东面,一条窄窄的河谷从陡峭的石灰岩绝壁中融入扬子江大峡谷,扬子江消失在南边一线天似的峡谷之中。"几个小时后他们终于来到位于长江峡谷谷底的炎热的奉科渡口。冬季的江水十分平缓,但纳西人的小船往返了11趟,才把洛克的马帮完全渡过江去,这时才算得上是到了所谓的"雪山之外"。

走入神的土地

又经过一天艰难的跋涉,第五天下午,洛克一行才到达永宁,受到永宁土司的热情款待。这时他们才得知老木里王已经死于水肿病,他的弟弟刚刚即位4个月。新的木里王为人比他的兄长更加和蔼好客。从永宁到木里的路崎岖难行,绕过永宁那汪清澈的湖水,爬过高高的山峰,才到达木里与永宁交界的一个小村子,此地距离木里王的大寺还有两天的路程,纳西小伙子们终于松了一口气。

木里王国是个什么样子,与洛克同行的纳西人并不陌生,他们有人曾经去过,有的人藏语还说得很流利,没有去过的大概也听村里的老人讲过。这木里原来曾是丽江木土司木老爷的天下,但在清朝初年,平西王吴三桂等多次发动反对中央王朝

木里山谷

的分裂战争，把丽江土司木懿调至云南府，诱骗胁迫，要他出兵出粮，哪知道他软硬不吃，只得把这条硬汉子关了七年才放回。吴氏为了拉拢西藏上层人物，把原丽江土知府管辖的巴塘、里塘、芒康一带及中甸、德钦、腊普等地强行划归西藏地方政府，木氏土司的势力开始逐渐衰微，再也无力控制"雪山之外"的地区。1723年，木氏土司因被族人告发"居官贪虐，吁请改土归流"，而被降为土通判。而直到17世纪木里还属永宁土司管辖，当地的部落与纳西的先民一样，曾信奉藏族原始的苯教，纳西的东巴教受苯教的影响也很深，木氏土司在政治军事上的衰退使得喇嘛黄教的势力得以乘虚而入，在木里得以发展壮大。永宁土司没有办法，把永宁以北的广大地域划给了西藏达赖派来的木里一世活佛却杰·松赞嘉措。为了让黄教在木里扎下根并发展壮大，靠寻找有时是在外地的转世灵童难以为继，因此活佛物色和培养了得到雍正的赐封、赐金印的当地首领八尔家（项氏）降央桑布为黄教首领，并于1684年正式任木里第一代大喇嘛兼二世活佛，还规定了木里的大喇嘛世世代代都必须由八尔家的后代担任。从此，木里政教合一的僧侣神权建立起来，土司本人就是大喇嘛，由这个家族中的第二个儿子担任。土司本人终身不婚，由长兄继承家业，使用父子连名制。木里王国的治安真正做到夜不闭户，路不拾遗。据说在木里王国的境内行走，哪怕你的骡马上驮的是金子，晚上也只管放心睡觉，木里王的权威和统治哪怕在崇山峻岭间也无所不在。

> 过往的客人呀！
>
> 请不要攀折我们的燕麦的穗子。
>
> 哪怕你是一只小小的蜜蜂儿，
>
> 只要你飞过我们木里的地头，

我们木里王子也会知道的！

这是20世纪40年代初木里境内流传的一首儿歌，可见在这片神的土地上，一言一行都得小心谨慎。木里王的律令残酷而森严，这种"不成文法"的触角敏感地延伸到木里王国的每一个角落。木里王的哨兵游移在木里边境的关口山隘，在这个与世隔绝的山的王国里，木里王的情报机关对外面的世界可能懵懂和耳目闭塞，却对境内的风吹草动反应异常灵敏。

木里王

洛克的马帮进入木里时，正是天寒地冻的时候，风雪弥漫，马踏无痕。在山间的大草甸里，四边为苍天的古木所环绕，一队人马突然从密林中飙了出来，挡住了洛克的马帮的去路。这二十多个人穿着红色的长袍和金黄色的夹衣，一个飞扬跋扈的喇嘛走上前来让洛克的马帮快些让路，因为木里王的王兄马上就要路过。没想到血气方刚的纳西小伙子并不买账，大喝一声："滚开，我家老爷在后面。"狭路相逢勇者胜，慑于对方的气势，开路的喇嘛打了一个友好的手势，于是双方居然相安无事地各走各的道。

这一天往后的行程非常艰险。洛克写道："我们沿着一条陡峭的石径向上爬，左边是高耸的悬崖，石缝间的杉树树根紧紧地挽着空悬的岩石。天黑之后，森林里万籁俱寂，而手表的时间才是下午5时，离预定的宿营地还有很远一段路要走，但落在后面的马帮还没有跟上来，于是我们决定在悬崖间的一小块草地上过夜。地上积雪很厚，但没有水，寒风从山林间猛烈地吹过来，我们在参天古木下挤在一起避风。马帮赶上来时，骡子已累得半死。由于没有隐蔽处，不得不在豹子出没和风雪漫漫的山中过夜。但越往前走，天气还会更冷，因为气压计已显示为海拔14000英尺（4267.2米），雪越下越紧，风越刮越大，我们用冻麻木的手竖起帐篷，用雪水煮了杯咖啡和吃完简单的晚餐就匆忙躲到毛毯里去睡觉。"

第二天雪过天晴，洛克一行翻越了最后一个关隘，挂满松萝青苔的云杉和杜鹃花木使得下山的路显得十分寂静。在深峡中，一个护送的士兵突然指着远处兴奋地大叫起来，洛克举目望去，在高原清透冷冽的空气中，一座城池好像海市蜃楼般从雪后的荒原中浮现出来："在北面的山坡上，木里王国沐浴在灿烂的阳光里，在山的海洋里，从北向南一条纵横的深峡好像旷野里的一道犁沟，下面流淌着里塘河，这条河曲折向东流入雅砻江，大概几个星期后最后注入扬子江。"虽然近在眼前却远在天边，洛克一行次日才抵达木里大寺。

如果说永宁的泸沽湖边的村寨是一个母系社会为主的女儿国的话，那么与泸沽湖一山之隔的木里可以算得上是一个男儿国，据说那里的喇嘛寺是不准女性进入的，甚至连雌性动物也不准豢养。20世纪20年代初，也就是洛克初次探访木里时，在首府木里的喇嘛寺就有七百多僧人，居住在山坡上的340间房子里。整个木里境内有18座喇嘛寺，其中三大寺也即木里王的衙门分别是木里、枯鲁和瓦尔寨。瓦尔寨在木里大寺以北

25公里处，有寺僧270人；枯鲁在木里大寺东南约40公里的地方，有寺僧300人。每隔一年木里王都要轮流在三大寺住，也就是说，木里境内有寺僧至少上千人。但木里王国有多大呢？笔者不知道洛克是怎么估算木里王国的面积的，因为那时滇、川、藏的交界就没有一张准确的地图。洛克估计木里土司的辖地有9000平方英里（约23309平方公里），大小相当于美国的马萨诸塞州，人口数字可能要准确一些，有22000人。根据木里的习俗，一个家庭如果有五个男性的话，那么至少有二到三人会到喇嘛寺里去做喇嘛，可以想象喇嘛教在木里的兴盛。这是一个宗教的王国，每个闯入了神的土地的人都会被一种神秘的气氛所笼罩。

洛克在《国家地理》杂志中所刊载的照片有两张是木里的全景照片，其中一张是远眺里塘河谷的壮丽景色，木里大寺像一个白色的亮圈，影影绰绰地斜放在半山坡上；另外一张是挺拔屹立的近景，还有从各个角度拍摄的层次丰富的照片。到今天，经历了近百年的沧海桑田，不知道今天是否还能觅到昨日的残痕。洛克当时的第一印象，一定是想起奥地利阿尔卑斯山区那些中世纪的古老城堡来，所以特意想通过摄影来给木里大寺的建筑艺术留下一个完整的空间，我们在今天仍然可以强烈感受到这种视觉上的冲击力。老木里王在建寺院时,请来了很多汉族的能工巧匠,从洛克留下的照片和文字描述来看,木里的大寺无论在建筑艺术风格上,还是在传统建筑的工艺和技巧方面都是藏、汉等民族智慧的结晶,把藏、汉建筑特色融合于一体。木里大寺与许多藏族地区的寺院一样,依山就势而建,在整体布局上显得错落有致,殿堂层叠,佛塔林立,僧舍栉比,红墙黄瓦,金顶绿树,经轮幡幢绘成一幅神圣、庄严、神秘的自然佛刹景观。这种追求纵横驰骋的空间格局,据说是受佛教

木里大寺

的"三界"教义观念的影响,由低而高的层次进行布局,似乎把天界的虚境移植于人间,把心造的宇宙构想变成可视的直观图景。也许只有神游于高山大川、更接近蓝天白云的民族才会有这样的胸襟和凌云直上的想象力。

然而,在这与世隔绝的深山峡谷中,统治这宗教和精神圣殿的人又是谁呢?

项此称扎巴

洛克终于到了气氛森严的喇嘛寺,而此刻木里王也在觐见室焦急地等待着远方客人的到来。他在木里是至高无上的,绝对的权力使他终日待在深宫,除了在三大寺间每年一次的兴师动众的出巡。在木里,他有众多的耳目,任何风吹草动都在他的掌握之中,而他的内心深处,对外面的大千世界的渴望已使他暂时忘记了自己的威严,远来的客人将给他带来许多精彩的信息。洛克进入觐见室时木里王正背对着窗子,这是个宽敞明亮的房间,但因为逆光,洛克一时没法看清他的庐山真面目,而洛克的一举一动和神情却被对方洞察得一清二楚。在木里,没有人能够或胆敢正眼看木里王一眼,而洛克却有幸目睹木里王的风采:"我进去时他站了起来躬了一下腰,并示意我坐到放着不少木里珍宝的一张小桌旁的椅子上,他也在面对着我的一把椅子上坐下来。我无法看清主人的面容,因为他背对着敞开的窗户,而我脸上的表情都被他一览无遗。木里土站起来时身高有6英尺2英寸(1.88米),穿着绣花的绒面藏靴,他今年有36岁,虎背熊腰,头很大,颧骨高,额头低,肌肉松弛,因为他从来不劳作或锻炼。他的笑声爽朗,举止优雅、尊严又不失亲切。"

在交换名片之后,洛克得知木里土司名叫项此称扎巴,名片上还有一连串让他迷糊的头衔。木里土司有一个弟弟,是他未来的继承人,此外还有一个哥哥。用洛克的话说,他弟弟"尽管珠光宝气,但看上去更像一个苦力",由这样的人来延续家族的香火,让洛克感到不可思议。项此称扎巴的侍从一个个的都跟他所有的臣民一样低眉折腰,面有惧色,不敢正眼看他。洛克注意到,在木里土司面前,纳西小伙子们倒显得不动声色,"甚至比木里土司的大总管胆子还大"。

这是一次历史性的会见,以客套话为开场白。最让洛克感到吃惊的是,统治这个与世隔绝的王国的人的天真与幼稚。他提出的两个问题让洛克有些哭笑不得。第一个问题是:"白人们还在打仗没有?"第二个问题是:"现在统治中国的是皇帝还是总统?"第一个问题指的是第一次世界大战,没有等洛克回答他的问题,他又伸出手来让洛克摸了下他的脉搏,问洛克他还能活多久?接着又问洛克有没有带望远镜,他想看一下远处的山峰。

绝对的权力使一个人处于金字塔的顶端,在塔尖上的木里王由此感到莫可名状的孤独,只有在一个来去匆匆的、对他没有任何利害关系的过客面前,才有可能敞开自己的内心世界,显露一下禁锢已久的好奇心。在内心深处他是多么想越过木里大寺高高的石墙,越过使他与文明世界阻隔的高山。他所渴望的一切都在远处的山峰之外,身不由己的他在望远镜里能看得到吗?洛克的到来可以使他率真的天性释放,他对手下的喇嘛低语几句,让他拿来几张已经发黄的照片,照片上有美国的白宫、英国的温莎古堡、挪威的峡湾等。洛克一边喝着酥油茶,一边给他讲解图片的内容。洛克可能不知道,这些图片可能是十几年前他的对手金顿-沃德留下的。金顿见过老木里王,认为他是一个"高大,肥胖的六十多岁的老人,对新鲜事物没有多少兴趣",另一方面他又请来很多汉人的木匠和其他能工巧匠修筑喇嘛寺，在很多方面显得像一个开明的统治者。老木里王对金顿来采集植物标本可能没有什么好感，所以后来曾拒绝洛克的入境。可洛克的虚荣心总是要争当"白人第一"的。在后来写给《国家地理》杂志总编吉尔伯·特格多斯文的信中，他自豪地说："没有一个白人曾在2月末月食时踏足过木里王国。"

项此称扎巴不一定比他的前任更加开明，但有一点，他对于西方文明世界的憧憬让洛克很感动，不厌其烦的问题也让洛克有点儿吃不消。在谈到摄影时，最让洛克感到吃惊的是，木里王的手下马上就搬来两个大皮箱，从里面拿出两架法国造的照相机和一架美国的柯达照相机，还有大堆的相纸、胶卷和冲相用的化学药品。当洛克告诉木里王相纸和胶卷因曝光而全部报废时，木里王仿佛忘记了自己是"万众之尊"，开怀大笑起来，并解释说相机是一个汉族富商送给他的礼物。不管洛克答不答应，当天下午木里王便派了一个喇嘛到洛克的房间来学习摄影，并要求这个喇嘛要在一小时内学会，弄得洛克有点儿哭笑不得。

尽管如此，真正的御用摄影师还是洛克。洛克为木里王拍摄的照片，有两张后来在《黄喇嘛之地——木里》一文中刊登。虽然时光已经流逝九十多年，但我们今天在解读这些图片时仍可感觉到时空仿佛都凝固在快门按下的那一瞬间。木里王个性中最本质的东西，天生的威严和神圣好像一座屹立的雪山，那凝视的目光好像冰峰上盘旋的鹰一样锐利和冷酷。

洛克与木里王

在木里的一个星期里，洛克终日游荡在木里大寺的各个角落，除了给木里王的保镖、总管、活佛等人拍摄外，还拍摄了许多佛像和寺院的照片。特别是那些巨大的转经筒，引起了洛克的极大兴趣，据说上面刻着上百万个神秘的反复背诵的经文，借助手摇和风力转动转经筒，便可以向空中散播亿万条咒语。感谢洛克，给我们留下了木里最逼真和生动的一部分历史，特别是这些"老照片"，在今天看来，它的历史和文化上的价值弥足珍贵。在木里的日子里，项此称扎巴给洛克送来了鸡蛋、白米、喂马的两袋豆子、一袋子面粉、生蛆的火腿、羊肉干儿、粗盐、牦牛奶酪等给养。洛克则送给木里王一支柯尔特手枪和250发子弹，另外还送给大总管三块香皂，送给寺里的其他一些喇嘛银币等物。离别之际，依依不舍的木里王又送给洛克一个金碗、两个佛像和一块豹皮，并要洛克以后有机会再来木里。尽管前路茫茫，但洛克还是许诺会重访木里。在木里王派的随从护卫下，洛克顺利地从木里经永宁返回丽江。

贡嘎飘雪

据我国最早登上珠穆朗玛峰的老登山队员回忆，在他这一辈子登过的山峰中，最难攀登的就是四川的贡嘎山。8848米的珠峰可乘牦牛一直到海拔六千多米的高山大本营，而贡嘎山则陡峭难攀，牦牛根本上不去，要从雅砻江底手脚并用地垂直攀登六千多米才能攀上贡嘎山的海拔七千多米最高峰。在藏语里面，"贡"是冰雪之意，"嘎"是白色之意，其实在青藏高原东侧的横断山脉中，有许多名为"贡嘎"的白色冰峰，即"贡嘎"与每一个神灵的名字相连，在木里以西就有座名为贡嘎雷松贡巴的雪山。

1928年5月26日，洛克在离开四年后又回到了木里。众所周知，洛克此行的目的是以木里为大本营，为《国家地理》杂志探访四川境内的几座高山。第一座山就是木里的贡嘎雷松贡巴，此山又名贡噶岭，或三兄弟山；另外一座山就是在康定的贡嘎山。洛克为什么会选定这两座山为目的地？有一点不应该忽视的是，洛克的阿尼玛卿山之行和他在甘南境内的迭部的发现。他认为迭部的一些部落与纳西族有很多相似之处，可能在族源上有很深的渊源，这与后来一些学者的研究不谋而合。如纳西族著名学者方国瑜认为，纳西人的祖先来自河、湟地区的古羌人，而河、湟地区正好是今天黄河上游地区的青海与甘肃省南部，介于阿尼玛卿山与岷山之间的迭部正好位于这一区域。古羌人曾先后向东、西、南三面迁徙，纳西族为牦牛种，

黄喇嘛之地木里

在大渡河上游,后南迁至岷江流域,又西南至雅砻江,又西迁至金沙江上游,定居于长江第一湾一带。据樊绰《云南志》记载:"麽些蛮,亦乌蛮种类也。铁桥上下及大婆、小婆、三探览、昆明等川,皆其所居之地也。"唐代时的"铁桥",即今天丽江巨甸以北的塔城,"三探览"即今之丽江、永宁,"昆明"即今之四川省的盐源、木里。洛克从甘肃省南部进入四川时,原打算沿这条南迁路线到木里和丽江,可能就是想考察古羌部落的迁徙情况,这是一条通过"贡嘎"群山的扶老携幼的迁徙之路,白色的冰雪中,纳西人酝酿了《人类迁徙记》这首史诗。

这次洛克在滇、川、藏交界的这个三角区域卷土重来,就是为了取得一些民族和地理研究方面的资料,至于信守与木里王再度相会的诺言应该只是其中的一个缘由。洛克的这次木里之行也使他感到要识得木里王的庐山真面目,真是远近高低各有不同。在冰雪的王国里,木里王的神秘和他的统治艺术可谓"只在此山中,云深不知处",这有贡嘎山的漫天飞雪为证。

不管怎样,洛克的到来让项此称扎巴感到很开心,我们可以想象项此称扎巴在看到《国家地理》杂志上自己照片时的愉快笑容。洛克看到,木里王又比几年前胖了许多。洛克认为木里王养尊处优的生活方式对健康有害无益:"所有的木里王因缺乏锻炼而过度肥胖,他们终日沉思冥想,吃的是珍肴美味,特别是酥油、酸奶酪、大量的糌粑和汉人的食品,每顿饭之间还要喝上20到40杯酥油茶。"项此称扎巴整天足不出户,"每天的锻炼就是拍拍手,他的奴隶就会招之即来"。对于外界消息和酥油茶,洛克形容他是一个"饕餮之徒"。洛克的两个纳西助手曾到过美国的消息不知为何很快就传到他的耳里。洛克回忆道:"当木里王听说我带了两个人去美国,而且还坐观光飞机在华盛顿的上空飞过,他叫这两个人来到他的面前,让他们讲述所见的奇闻轶事,并问从上海坐船到金山(旧金山)要多长时间。当两个纳西人回答说要20天时,他惊叹道,要多长的绳子才能把船拉到那里呀(他可能联想到木里河上的纤夫)!他还听说外国人把动物关在园子里面,他还问华盛顿的动物园里有没有龙?并要得知像鸟一样飞到高空翅膀振动的感觉:'你们在上空飞时能不能看到中国?'木里王好奇地问道。"在满足对方的好奇心方面,探险家洛克与神圣的统治者木里王可谓是各取所需。在等级森严的木里大寺,甚至连地位较高的喇嘛都不能坐在木里王面前,而洛克却能面对面地坐着跟他连续聊天几个小时。二人如此亲密的交往,让旁人都感到吃惊。

黄喇嘛之地木里

1929年春，洛克在去贡嘎山的途中经过枯鲁，因大雪而停留一个星期。洛克后来回忆道："每天中午木里王都邀请我共进午餐，他住在一幢装饰豪华的大房子的二楼，红色的大柱子支撑着高高的天花板，墙上的壁画描述了西藏一些活佛的故事，地上铺着西藏的地毯，在长方形房间的另一端的台子上安放着一个与真人大小相仿的金佛。周围是插有花的瓶子等一些饰物，佛像的样子看上去有点儿不真切。木里王注意到我的好奇，指着佛像对我说这是他的舅舅，死于60年前，自己死后尸身也会同样裹放在一个金佛中。"

洛克第二次和第三次木里之行，接触到了木里王国的各个角落，西到贡噶岭，东到贡嘎大雪山，渐渐对木里政教合一的土司制度有了更深的认识，他情不自禁地把项此称扎巴与卓尼的土司比较。如果说卓尼的土司只是个汉人压榨部落人的帮凶的话，那么项此称扎巴比卓尼土司更擅长利用宗教的影响力统治臣民，是"神的土地上最绝对的统治者"。洛克看到，20世纪拥有土地的木里农夫比11世纪欧洲中世纪的农奴境遇更加悲惨。木里境内只有里塘河谷和一些支流的土地适于耕种，虽然森林资源很丰富，但仍然停滞在刀耕火种的耕作方式上，把珍贵的杉木烧成灰当作肥料。落后的生产力再加上寺院的盘剥使农夫一无所有，每年要交纳两次税金，供养12000名喇嘛。农民被木里王用法律牢牢地捆绑和束缚在土地上。这些奇怪的法律大概会让文明社会的人感到不可思议。如每次离家三日以上即有罪；农民不允许吃白米饭、穿长裤，因为他们低贱；出生于木里或居住一年以上的人不得离开木里。洛克还认为，木里王每年轮流在三大寺住是出于经济上的考虑，因为每个地方都无力长期供养他。经济和物质上的层层剥削和压迫比起精神上的统治来可能还要稍好一点儿，在精神上永远生活在无边的恐惧当中比死还难受。

黄金的秘密

洛克1928年在贡噶岭探险和1929年在木里之外的贡嘎雪山下的雅砻江都看到不少丽江的木天王时代留下的用于瞭望的石塔。但雅砻江一带的石塔与德钦、木里的风格显然不同，洛克对当地人的说法有些疑问，这也不足为奇。建筑这些军事据点时，从丽江请工匠可能要走上一个月，用本地的工匠则免去了许多麻烦。为什么木天王会不遗余力地在滇、川、藏这个三角地带扩张？从军事上来说，一是在地形崎岖的横断山脉不可

黄喇嘛之地木里

瞭望塔遗迹

能进行大规模的军事活动，从洛克对沿途艰难行程的描述就可以证实这一点。二是后方补给线过长，攻之不易，况且山林中的部落无疑采取一种游击战术，守之更难。如果说单是为了控制三角地带重要的茶马贸易，这种冒险代价太大，很重要的一个动机是黄金的诱惑。在金沙江、雅砻江、无量河和里塘河的山谷及支流，有许多品位高、埋藏浅、颗粒大、成色好的金沙和天然金块。不管怎样，木天王这种建立在军事上的征服，事实证明了不能长久。在难以逾越的天然屏障内，如何控制宝贵的黄金资源，军事上看来并不需要很强的实力，而在精神上的控制则显得更加重要。洛克注意到，在木里，没有任何基督教存在，而在当时的中国，任何一个穷乡僻壤都可能会有传教士。

在木里的文化变迁中，木里土司世袭的政教合一的独特制度扮演了一个重要的角色，那些严刑峻法也就找到了其存在的合理性，为什么木里的统治者害怕农民和喇嘛外逃，而外来的人住了一年就不得离开木里，否则就会被砍去双脚，其目的就是让被统治者在精神上与世隔绝。反之，任何一种文化模式，都有一定的经济基础。没有黄金作后盾，那些气势恢宏的寺庙是不可想象的，木里王国之所以能够维系，黄金起的作用不可估量。木里王每年向每个采金者收取十分之一盎司的黄金。为了限制外来的人过多地涌入而动摇其统治的基石，木里王严格控制采金的人数，而且有关金矿区的地点也对外保密。木里王特别担心有外人闯入他的王国刺探黄金的秘密，洛克为了打消木里王的疑虑，故意给了木里王和他的喇嘛官员20美元的金币，并吹嘘说美国的黄金多的是。三入木里，洛克发现，木里王是一个很不简单的人物，他很有政治和外交的手腕，为保卫他的金矿，他所采取的策略，一是靠天然屏障来防守，严禁与世隔绝的臣民泄露有关金矿的机密；二是靠与贡噶岭强人微妙的同盟关系来攻击淘金者。贡噶岭的强人对木里王国秋毫无犯，但对来木里淘金的人就没那么仁慈了。他们终日游荡在淘金地附近的山林里，耐心地守候上一年，等到淘金的人把金子淘得差不多了，才冲下山来抢掠一空。木里王则对此睁一只眼，闭一只眼，在这场猫捉老鼠的游戏中，木里王始终是赢家。

1928年夏季，洛克在木里的时候曾遇过这样一件事，有个汉人军官带了一百多名士兵到了永宁，给木里王捎信说要到木里淘金，请木里王提供方便，另外还要借300银元。木里王很客气地回信说，要借钱没有，要淘金可以，但要请贡噶岭的强人提供保护。这个汉人军官于是派了一个藏人到贡噶岭送信，与此同时，木里王的喽啰早到了贡噶岭去通风报信。1929年，洛克在去贡嘎山的路上碰到一个满身是血被割去耳朵的人，此人正是汉人军官的信差。好心的洛克帮他清洗和包扎伤口后又送回到枯鲁。木里王在得知此事后开心地微微一笑，送这个可怜虫一双鞋让他回去复命。汉人官员虚张声势地威胁说要派4000人来攻打木里。洛克在日记中记载了这件事，并说木里是一个"天然的堡垒"，这种威胁只可能是"天方夜谭"，结果证明此事后来也是不了了之。

而就在这一年，有一件事情却并没有最终不了了之，为项此称扎巴之死埋下祸根。1927年，胡若愚在与龙云争权失败后退到云南和四川交界处，仍继续骚扰云南境内，龙云于是出兵围剿，1929年终于把胡的军队逼到了云南的西北部。溃不成军的胡若愚只有木里这一条退路，胡于是写信给木里王项此称扎巴，要求过境。木里王先是给败军送来几条毛毯作礼物，并要胡送给他几挺机关枪和弹药作买路钱，老奸巨猾的胡若愚明知是计也只有接受木里王的讹诈，乖乖地先把机枪和弹药送去。而木里王早就与龙云串通好了想一口吃掉胡若愚。在一条被洛克认为是"一夫当关，万夫莫开"的山谷里攻击了胡的军队。有道是穷寇莫追，况且胡的军队人多势众，木里王的狙击并不能把胡一网打尽，虽然木里王砍断了雅砻江上的绳桥，但胡在遭受巨大的损失后仍成功地乘竹筏渡过了雅砻江逃脱。胡从此把木里王恨得咬牙切齿。

这个故事并没有结束。1934年9月，木里王收到四川军阀刘文辉的信，要给他加官晋爵。项此称扎巴有个致命的弱点就是喜欢这些有名无实的虚衔，洛克在《木里》一文中曾生硬地翻译了项此称扎巴的几个头衔，这几个长长的头衔我想外国读者看了还是不知所云。生性聪敏的木里王毕竟没法和那些老奸巨猾的军阀相提并论，他根本就没想到刘文辉和胡若愚是一丘之貉，欣然答应前往参加在枯鲁几公里外的一个大草甸里举行的封官仪式。9月10日，木里王带上了他的喇嘛官员、他的侄子兼继承人项扎巴松典前往。活佛在占卜之后认为有不祥之兆，所以断然拒绝前往。刘的官员在迎接他时笑容可掬，让木里王放松了警惕。中午用餐时，刘文辉的士兵冲进了木里王的帐篷，混战中木里王从帐篷后逃出没多远就被捉住，然后被一枪打在脑门儿上，登时丧命。

洛克在昆明接到木里来的一封信时才得知项此称扎巴的死讯，他感到了莫名的悲哀。木里王的死意味着在滇、川交界这个与世隔绝的黄喇嘛王国闭关自守的时代已经难以为继。尽管他对木里王的统治有些看法，但如果没有项此称扎巴的帮助，他20世纪20年代在木里的三次探险是无法想象的，因此他对已故的老朋友心存感激之情。木里王的继承人项扎巴松典和其他人则被扣留做人质勒索赎金。1935年，红军长征路过滇、川交界，国民党的屯垦司令部把项扎巴松典移交冕宁清乡司令部关押，在交付了20万大洋和三十多背篓名贵药材的赎金后，总算回到了木里即位。龙云答应为木里提供军事保护，条件是木里归属云南省管辖。项扎巴松典1939年到昆明慰问抗日的滇军时，还专门拜见洛克。木里的统治者可能没有想到，天下的乌鸦一般黑，当时龙云要项扎巴松典每月给云南省府30磅黄金。被逼得没有办法，与项扎巴松典同行的两个喇嘛只好跑到南京去告状，以后就没有下文了。

洛克注意到，以后再接到木里的信时再没有"云南木里"的邮戳。我想此时洛克的心中大概是感慨万千。他在滇池畔抬头望那深蓝的天空和片片白云时，一定想起了木里的云和雪，从青藏高原飘荡南来的云彩越过木里高高的雪山和繁花似锦的草地便进入了彩云之南。这种文化上的联系比巍峨的高山年轻，可比起木里境内那些参天古木却要古老得多。神秘的木里曾是彩云之南的木生白木天王的一片云彩，突然之间，这片云彩却缥缈不见了。几千年前,纳西人的祖先也像这些美丽的云彩一样,来到玉龙雪山的脚下,在迁移过程中,他们发明了一种美丽的象形文字。继洛克之后,研究纳西文字的后起之秀李霖灿先生认为,象形字里的水字,是由南(水尾之意)和北(水头之意)两个字组成的,从历史和民族、地理的角度来考察,自北向南的无量河正是纳西的仓颉圣人造字的地方,木里的山,木里的水,木里的平碉房都神似纳西象形文里对应的字,并认为东巴象形文起源于木里境内的无量河下游地区。李霖灿先生的这篇《论麽些象形文字的发源地》,是我读过的最优美的人类学论文之一,令人情不自禁地想起英国人类学家弗雷泽的名著《金枝》,才气横溢,一泻千里。但在漫漫的历史长河中,灯火阑珊之处尚有一点疑问,在无量河一带,只有口诵的东巴经却没有书写的东巴文,看来这个文化的谜团并未完全解开。

特立独行的孤独者和探险家

洛克在中国西部的探险活动中,在国外最有名气的一段经历是到西北地区及阿尼玛卿山的探险。他曾为美国《国家地理》杂志写过多篇文章,其中一篇名为《一个孤独的探险家的经历》,描述了沿途所经历的艰难险阻,有时有多达几百人的武装护卫。被人前呼后拥的他为什么要用"孤独"二字呢?让人觉得他多多少少有点儿孤芳自赏的味道。

特立独行

呵,孤独!你是我的家,孤独呵!我在陌生的蛮人中落荒太久了,所以我不能不泪水汹涌地回到你这里。

现在你只是像慈母一样抚摸我,现在你像慈母一样对我微笑,只是对我说:"是谁像一阵风似的离开我?"

——尼采:《查拉图斯特拉如是说》

洛克的这种孤芳自赏不但是一种生活态度，而且还是一种生活方式。洛克自幼就无视生活对他的种种设置，在等级制度森严的维也纳，出身低微的他永无出头之日，于是他选择了流浪，最后在美国出人头地。自我奋斗的成功经历让他感到无比自豪，所以他特别喜欢狄更斯的小说《大卫·科波菲尔》，在长期的探险中，一直随身带着这本书。工业文明让他感到窒息，于是他又摆脱了西方文明世界的束缚，来到东方的蛮荒之地。在感到无比自由的同时，他也感到一种旷世的孤独。20世纪30年代中期，他经常在日记中写道："今天我感到了一种说不出的孤独"，在阅读尼采的诗句时他感到了"于我心有戚戚焉"，他常常自比尼采笔下的查拉图斯特拉，无论是在甘肃的喇嘛寺、长江的大峡谷、风景如画的丽江或是云南舒适的住宅，洛克都是一个完美的孤独者，用极端的方式把自己封闭起来。所以在中国人的眼中，植物学家和探险家洛克身上总是笼罩着一层神秘的色彩，而在西方的同类眼中，洛克是一个个性充满矛盾的怪才。洛克中年以后曾给美国的《国家地理》杂志写过大量的文章，他的探险故事受到世界各地许多读者的欢迎和喜爱，有很多人曾给他写信，为他的健康担忧，敬仰他的天才和工作，他们不但对洛克奉如上宾，而且还爱屋及乌地善待洛克的纳西同伴。对于洛克来说，别人的关注和友爱十分重要和必不可少,但他对西方同类却没有丝毫的真情实感。

虽然如此,为了慰藉内心的孤独和寂寞,洛克常常写信与西方的文明世界保持紧密的联系。洛克把所有熟识的人或同事的名字列入名单,经常与他自己认为有交情的人通信联系或是拜访他们。在中国内陆,由于邮路经常受阻,与外界联系的中断常使他陷入苦恼的境地,从世界各地寄来的圣诞卡常常使洛克异常兴奋,好像收到了情人节的礼物。但无论是东方人还是西方的同类,似乎没有人能够真正闯入他的生活,更不用说他的内心世界。中国人也好,西方的同类也好,大多对他抱有一种敬而远之的态度,这一点从信件的称呼上就可以看出来,一般都是"亲爱的洛克博士",或者是"亲爱的洛克先生",而从来没有人写亲密无间的"亲爱的乔"来称呼他。

洛克虽然性格孤僻,却非常擅长也热衷于社交活动。美国人在华的社交圈中,如云南的美国领事馆,洛克通常都是座上宾,在哈佛大学、麻省理工学院或者夏威夷火奴鲁鲁岛的露天宴会上,洛克常常成为人们议论的中心,主人也喜欢邀请幽默风趣的洛克来活跃气氛。洛克给人的第一印象是个和颜悦色的人,斯诺在一篇文章中曾经描述洛克初次给人的印象:"他来亚洲已经有好多年了，遇到过不少奇特而有趣的人。他一肚子装满了奇闻轶事，为人和蔼可亲，富于卓越的幽默感。因为他对这个国家了解很深，与他交谈觉得很有教益，没有压力，而且使人感受到交流思想的愉快，在他身上找不到那种为人类社会所抛弃的人常有的臭架子。"

洛克在丽江的居室

从历史上看，许多被后人称为伟大的思想家的人，似乎都有着异乎常人的特殊性格，如笛卡尔的喜好孤独，斯宾诺莎的谨小慎微，康德的严格作息，黑格尔的忧郁暴戾，等等。洛克的身上也常常弥漫着德奥人特有的深沉个性和气质。洛克孤僻的个性与他童年和早期的经历有关。父亲的严格管教，使孩子们都多少表现出来一些忧郁的性格和对人生的消极态度。洛克的多疑和急躁性格，可以说是他父亲性格在他那里的缩影。在人生的道路上，家庭的影响是永远抹不掉的痕迹。幼年丧母的惨痛经历使他缺乏爱和自信，同时又孤芳自赏。由于在家中不被关注，使他产生一些自卑的想法，天生的腼腆拘谨以及对他人意见和反应的极端敏感，所有这些都使得他心理早熟，在性格上与他人迥然相异。另外，早年的流浪生涯，使他习惯于天马行空，独来独往。奇特的经历形成了洛克独特的个性特征：渴望友谊又生性多疑，做事专注但又喜欢创新和冒险，喜好独处但又愿意与他人交流，自己喜怒无常却不能容忍别人的不拘小节与不恭敬，正是这种矛盾的心理和复杂性格，导致了他善于与人交往，却在同事或朋友关系中总是造成不少尴尬与不快。洛克的这些性格特征，与我们日常的行为准则是不符的，所以表现为矛盾和复杂的情形。他绝非世故之人，他渴望真正的理解和友谊。在现代西方社会的所谓文明中，战争的残酷和人性的堕落使他感到世态炎凉，他对理想生活的追求，是一种特立独行的生活方式。

从西方到东方，从孤独走向孤独，洛克在孤独中找到了一个古老的王国，在彩云之南他最终找到了自己的家——一个孤独者的家。

一个孤独者的漫步

> 而在这里，你是在自己的家里：你在这里可以倾诉一切，论证一切，这时无人羞于隐秘的、执着的感情。
>
> 这里的万物爱抚地走向你的言谈，向你谄媚，因为它们想骑在你的背上驰骋。这里你骑在每种譬喻上驰向每种真理。
>
> "这里你可以诚实地坦率地向万物说话；真的，在它们听来，这是怎样的赞美，倘若一个人直接与万物交谈！"呵，孤独！你是我的家，孤独呵！你的声音多么温柔甜蜜地向我倾谈！
>
> ——尼采：《查拉图斯特拉如是说》

在高山之巅，洛克找到了自己的世界，自然万物成了他心中的上帝。悠悠白云，皑皑雪山，在拍摄的每一张照片里，洛克都在诉说心中的感受，孤独而又甜蜜。

所有与洛克打过交道的人都能感受到洛克是一个孤独的人，认为尽管他很有魅力，却是一个特立独行、令人难以捉摸的人。洛克内心深深的孤独感使他与所有的人保持一定的距离，他为人处世刚愎自用的态度更是得罪了不少西方的同类，所以，他总是远离自己的本土文化，远离那些与他拥有共同的价值观和文化背景的人群。到中国西南边疆探险和考察成了一种心理上的逃避，与雄奇壮丽的大自然融为一体时使他暂时忘却了孤独，在中国苦力面前维持至高无上的权威和自尊使他得到满足。他一方面藐视西方的同伴，另一方面又渴望西方文明世界的物质和精神享受。聪明伶俐的斯诺在与他短短相处后很快就发现，他喜欢被奉承，不喜欢批评，利用他的虚荣心可以很容易打开他的话匣子。愈是了解他的过去，斯诺就愈加想弄清楚他这种"乐天精神与孤独性格奇妙的结合"究竟意味着什么，"究竟是一种什么常人看不见的力量，促使人们自愿离开人群和他们的同类？一定是返祖现象的影响，加上一种只有生活在大自然中才能获得的激情，在时间和永恒的巨大空白之中，大自然使全人类天才的创造化为乌有"。

但西方的同类却无法与他这个崇高的孤独者一起漫步于大自然的时间和永恒之中。在中国的边陲之地进行探险、考察时，

特立独行的孤独者和探险家

洛克最害怕的就是孤独。有时候他也邀一个西方的同伴同行，因为在一起可以讲英语相互沟通。1926年7月，他与一个五旬节教会名叫威廉·辛普森的青年传教士同去阿尼玛卿山。辛普森能讲流利的藏语，对于洛克来说是个好帮手，但为人挑剔的洛克很快就指责起辛普森来："传教活动与科学考察结合在一起不会取得成功，特别是这次传教活动简直是歇斯底里，而辛普森无论在哪方面都是一个心地善良朴实之人，他缺乏坚定的信念，用兄弟之爱和甜言蜜语是打动不了当地这些无赖的，他们只会把传教活动当作是一个蠢女人的唠叨。"其实辛普森根本就不是一个歇斯底里的人，但他确实看不惯洛克对手下人颐指气使的态度和吹毛求疵的批评，洛克最后以自己不信仰宗教为由与他分道扬镳，并另外雇用了一个当地人做翻译。1929年，洛克的经历和他诱人的鼓动，让W.海根放弃了在昆明美国领事馆的工作，与他一起参加美国国家地理协会到贡嘎山的探险活动。这次结伴同行的经历同样是不欢而散。1931年，洛克在与斯诺从昆明到大理的马帮之旅后，发誓再也不与白种人一道旅行。大概是因为白种人的存在是对他个人权威的严重挑战。

没有西方的同伴，使他在精神上更加孤独。在蛮荒旷野的孤寂中，没有人能够对他的生活作出种种设置，极端的权力欲使洛克选择了一种更加孤独和孤注一掷的生活方式：在探险队中，他有至高无上的地位。权力使人孤独，在中国西南边疆大自然雄奇壮丽的高山和峡谷面前，人类是渺小的，对于洛克来说，大自然的气象万千和不可征服的神秘力量变成了自己权力欲望的延伸。

一个孤独者在漫步时容易陷入沉思默想。洛克早年很少记日记，但到中国以后，记日记成了他精神上的一种漫步。在风沙漫漫、人烟荒芜的中国西北边疆，偶然能碰到几顶游牧民族的帐篷，似乎只有那门前守卫的猛犬才能缓解这空旷无边的孤寂，千篇一律的棕灰色地上几乎没有什么植物。每到阴风怒号的晚上，鹤唳的风声让人感到绝望和疯狂。洛克身边的纳西侍卫也难以适应异地的凄凉，无比地思念家乡和亲人，他们只想平平安安地回到云南，回到风和日丽的丽江，并得到应得的报酬。洛克作为探险队的领头人和雇主，白人至高无上的优越感使他不能在手下人面前表现出心中的忧虑和恐惧，他有时佩服甚至嫉妒这些单纯质朴且忠心耿耿的纳西卫士。虽然马麒派出了许多士兵护送，但洛克却十分厌恶他们。在洛克的日记中，"这些狡猾的无赖"浑身散发着浓浓的大蒜味，对他的命令装聋作哑，他不止一次地碰上他们仇视的目光。洛克怀疑，如果不是马麒命令的威慑，他们早就为瓜分银子把自己给杀了。洛克把他们视为贪得无厌的"兀鹰"，时时提防着他们，不敢有一丝一毫的松懈。每当夜幕降临、群星闪烁、北风呼啸之时，穆斯林护兵和纳西卫士围坐在烧牛粪的火堆旁嬉笑交谈时，洛克却悄悄地躲在帐篷里写日记聊以自慰。在危机四伏的探险旅行中，内心的孤独和寂寞使记日记成了一种病态的嗜好，只有从洛克的日记中，我们才能真正地认识洛克的内心世界。在公众面前，他把自己塑造成一个聪明机智、魅力十足、无所畏惧的探险家和兢兢业业的学者形象，但在另一方面，却是一个内心孤寂、渴望友谊的流浪者。

洛克在中国记的这些日记，可能从未想到过今后要公之于众，他几乎是想到什么记什么，直率地袒露内心的忧郁与痛苦。每天他都事无巨细地记录下宿营地的环境、地质地貌、交通距离的远近、纬度、地理类型、动植物的类型、农业和文化的模式，日记所描述的事物，无论在数量上和质量上都可谓一部"百科全书"。还有与土匪的遭遇、沿途的村庄和部落的头人等等。这些详尽的人文、地理资料曾引起美国军事情报局的注意。洛克在世时，军事情报局曾派人到夏威夷翻录过洛克的部分日记。

在沉思冥想中洛克还常在日记中写一些诗自娱,对政治本来并不感兴趣的他,目睹了处在水深火热之中的中国农民的悲惨生活,忍不住长篇累牍地猛烈抨击当时中国政治的黑暗。如果他在某个地方时间待得稍长一点儿,写日记就成了一种感情上宣泄的方式。他渴望得到别人的理解,所以感情上的煎熬在日记中无所顾忌地宣泄。

那喀索斯情结

有一个古希腊神话故事,美少年那喀索斯(Narcissus)受众神惩罚,在小溪边喝水时疯狂地爱上了水中自己的那张美丽的脸庞,于是终日守在水边如醉如痴地望着自己的样子,变得面容憔悴,最后体力不支,倒在水中,变成了一丛水仙花。早年丧母和少时的经历使洛克陷入一种自恋情结,这种情结对他以后的个人生活和人生经历产生了重要的影响。他在日记中曾一遍遍地写过:"我谁也不爱。"斯诺在从昆明到大理的旅途中与洛克发生过多次争执。斯诺对中国的劳苦大众抱有深深的同情心,看不惯洛克对中国人独断专行的蛮横态度,逐渐对洛克有了更深的认识。在知道他至今仍孑然一身时,斯诺在日记中写道:"这个人明显地暴露出他最关心的东西只有两样:他的钱财和他自己。他一无妻子，二无亲戚，三无任何人靠他生活，这一事实更突出地加深了他的弱点。他患了一种极易发作的疑心病，他成了自私自利和个人主义的牺牲品。他在内心深处早已成为一个厌世主义者。"当时洛克从美国碰了一鼻子灰后回到云南，正处于失业状态，行程中又重病在身，使得斯诺对洛克有许多误解，故出此言。

但有一点是真实的，那就是洛克从来没有爱过一个女人。如同那喀索斯一样，洛克也不让别人进入自己的生活，爱情这种情感对于洛克来说是抽象的和形而上的，是神秘的和不可知的。孤独有时候像毒药一样使他陷于绝望。在最后一本蓝色记事本的背面，洛克写道："一个光棍不会再犯同样的错误"，以此来自我安慰。洛克一生从来没有结过婚，也从没有提到过要结婚，更没有谁知道他与女人曾有过亲密的关系。单身汉的好处是可以我行我素，逍遥自在，无牵无挂。最难以令人理解的是洛克不但独身，而且还禁欲。在西方人的观念中，独身不一定要禁欲，洛克非同寻常的性生活或者缺乏性生活，在与他熟识的人中间曾引起很多传闻和猜测，有的人甚至凭空猜测他有同性恋倾向。但所有这些推测像捕风捉影一样都没有任何的真凭实据，自恋使洛克生活在自己编织的套子中，对生活极度严谨的他禁欲已经到了令人难以置信的地步。洛克看不起风流成性的男性，他认为女人是怪异和难以捉摸的。与洛克交往的大多是女传教士、朋友的妻子，能像母亲和姐妹一样对待他。洛克从不主动讨好异性，对女性的态度充满疑惑，尽管他生理上没有什么问题，也有许多女士对他颇有好感，但洛克还是对女性敬而远之。

据丽江白沙乡的纳西老人回忆，洛克这个人的脾气不算太坏，可是他却见不得女人，如果有妇人走近，他会咧咧嘴让她们走开。此外，他还讨厌听到邻居的狗吠和鸡鸣，一旦听到就会破口大骂，但人们也能理解他的工作需要安静。年老之后，洛克对家的渴望与日俱增，但这时他已经不可能来组建一个家庭，他的生活方式和个性不允许他这样。没有妻儿的生活有时候使他感到很困扰，并尽量在想象中美化他在维也纳的家庭生活，忘记了童年时代家庭的不幸和争吵。他一直对姐姐莉娜心存感激之情，慷慨地在经济上接济她，他甚至想过有一个继承人来继承他的一切，并打算选择姐姐的三个儿子中的一个过继给他。1933年，洛克选择了最年幼的罗伯特·科赫，打算带罗伯特到云南协助他的工作，并约好在威尼斯见面。乳臭未干的罗伯特当时才19岁，还从没有出过国，他已12年没有见过舅舅，只隐隐约约记得舅舅给自己买过礼物。初到威尼斯，人生地不熟的他既听不懂意大利语，又难以适应大酒店的豪华氛围，洛克独裁专断的态度让腼腆羞怯的他无所适从，舅舅既慷慨又吝啬的做法让他摸不着头脑。而希望看到自己年轻时影子的洛克对罗伯特则彻底失望，于是改变主意决定不让罗伯特去中国，理由是罗伯特不会说英语，并把他打发回维也纳。过了几年后，洛克又忘记了过去的不快，重新召唤罗伯特到中国，但由于战乱而不了了之。

回顾洛克的一生，最有可能组建家庭的时间是初到夏威夷的青春岁月。那时他刚刚二十出头，风华正茂，生活也比较安定，但生活的压力和强烈的自恋情结使他沉浸到植物学当中，此后由于生活动荡不安，使他不得不以四海为家，将自己的一生陷入完美的孤独。

在"高尚的野蛮人"中寻找自我

> 我的聪慧的渴望如此迸发出欢呼和大笑，这渴望诞生于高山，真是一种野性的智慧！——铁飒飒展翅的伟大渴望。
> 那里的一切生成在我看来都像是诸神的舞蹈和诸神的任性，世界重获自由，返璞归真。

宛如众神的一种永恒的自我逃避和自我寻觅，宛如众神的欢乐的自我冲突、自我和解、自我恢复。

——尼采：《查拉图斯特拉如是说》

在日记中，洛克曾下笔千言描述孤独的感受，洛克的封闭的个性有时候使心理成了一种病态。斯诺说他谁也不爱，除了钱财和他自己，此外还是一个厌世主义者，这其中有对洛克的误解。为了研究纳西文化，洛克曾经倾家荡产，他对纳西助手和他的姐姐基本上从不吝惜金钱。只是洛克是一个过于爱憎分明、知恩必报的人，并不是对每一个人都友善。斯诺在与洛克相处久了以后，误解渐渐消除，两人关系后来一直很好。但洛克的"厌世"却有种种原因。1926年冬，洛克在日记中写道："如果这不是懦夫的行径，我会静悄悄地自行了断这血肉之躯，永远离开这纷乱的尘世。今天对于我来说是可怕的一天，我忍不住想要自杀的念头，我已经处在精神崩溃的边缘，或者已完全崩溃，我的感情已十分脆弱，不能集中精力，不得不为在中国的事情而担忧，我担心得不到经济上的资助，担心所有进出甘肃的道路已经被切断，弄不到骡子，战火越来越逼近，食物紧缺，什么也买不到，连一磅面粉都买不到。"有一天早上，在与纳西卫士因一点儿小事发生争执后，洛克在日记中写道：

"我从来没有如此心甘情愿地靠近死亡。"洛克青年时曾患过肺结核，而且差点儿为此丧命，中年以后，洛克一直为疾病的困扰而情绪低落，他的消化系统经常犯病，可他偏偏酷爱吃甜食。30年代，洛克曾患过肠梗阻，因为便秘，每天要服用泻药，弄得他痛苦万分。洛克多次在日记中流露过要自杀的念头，但从来没有尝试过。30年代末，洛克曾请求美国驻云南的领事保罗·迈勒替他保管手枪，以防自己一时想不开自杀，迈勒感到很惊讶，并同意替他保管武器。斯诺说他是乐天精神与孤独性格的奇妙结合，因为在经历悲观与绝望后，洛克往往很快就能恢复过来。在濒临自杀的几天后，洛克又在日记中写道："活着真好，呼吸着山间清爽的空气，让大自然雄奇壮丽的景色充满我的心间。无论怎样，如此了决一生是愚蠢的。在大自然宏伟神圣的殿堂中，人的心中充满愉悦之情，特别是还没有别的外国人来到过这圣地欣赏过造物主的这些杰作。"

中国西南边疆大自然的壮丽景色是治疗洛克悲观主义的最好药方。旧中国政治的黑暗和人民生活的悲惨使洛克一方面感到情绪低落，在日记中诅咒中国有上千次，而且每次都发誓再也不回中国。但每次当他回到西方的文明世界后，他又无比地怀念中国的山山水水和受苦受难的人民，把所有的诅咒忘得一干二净，尽管千辛万苦还是忍不住回到中国，回到云南，回到丽江，回到纳西人中间，回到那种完美的孤独，在东巴经书的神秘符号和神灵世界里寻找自我。

洛克以浪漫主义的眼光看待纳西人，称他们是"纯朴的自然之子"或"高尚的野蛮人"，生活在纳西人中，洛克有一种返璞归真的感觉。顾彼得在《被遗忘的王国》一书中指出，在丽江找仆人是个非常棘手的问题，爱好自由和独立的纳西族不想干任何卑贱的工作。他写道："在与纳西人的交往中，很多的真诚、同情和真爱，还有耐心，都是必要的。纳西人非常敏感。他们没有自卑感，不过他们也不能忍受任何人表现出来的优越感。他们不巴结人，即使在高级官员和富商面前，也不阿谀奉承……洋人并不使纳西族敬畏，或激起他们的反感和仇恨。他不会被当作白鬼子或西方蛮子，他正像纳西人中的另一个人一样，会得到相应的对待，没有任何特殊照顾或好奇感。"坏脾气的洛克在与纳西人的交往中不得不改变了许多，特别是一次次的历险和生与死的考验，使缺乏家庭生活温暖的洛克和他的纳西侍卫之间形成了一种非常微妙的关系。喜怒无常、生性多疑的洛克无论在野外探险，还是住在某个地方潜心钻研，他真正能信赖的只有纳西人。纳西人的正直、忠心耿耿、善良、纯朴、勇敢和宽容使他有一种家的感觉，在这种脉脉的温情下，洛克像一位生性挑剔、横行霸道的家长，他了解和热爱纳西人的历史和文化，把纳西侍卫和助手当成自己的家庭成员，并以诚相待。这一点很重要，否则洛克无法与纳西人相处下去。洛克还常常免费为村民治病，在缺医少药的农村，这很容易赢得人们的好感。此外，他为人虽然一本正经，却十分喜欢并亲近小孩子，常对他们扮鬼脸，逗他们玩儿，白沙村的老人至今还记得小时候洛克经常去捏他们的脸蛋儿，给他们带腥味的糖（巧克力）吃。纳西人在某种意义上也没有把洛克当作一个洋人，而把他当作"白沙人"，所以也比较能够理解和容忍他的坏脾气。

但这种容忍是有一定原则和限度的。顾彼得说过："纳西人热情，率直，这几乎成了一种缺点，但有暴躁脾气，后一种特征肯定是由海拔高度造成的。据我观察，所有生活在海拔8000英尺（2438.4米）以上地区的人都是性情暴躁，这种暴躁脾气随时发作并且是毫无道理的。"他把纳西人脾气暴躁的原因归于"空气稀薄"，这种高原脾气使得"纳西族不能忍受任何人更不用说陌生人的粗暴命令和辱骂的语言，一句特别恶毒的话，可能立即以同样的方式受到报复，或用系在腰带上的匕首猛刺，或者投来一个瞄得非常准的石头"。洛克在他的著作中也写道:"纳西人是易被统治、诚实的人民,但是当受到不公正的对待时,就像我在那儿时所发生的情况一样,他们可以轻而易举地把法律取到自己手中,把行政长官逐出这个地区。"因为他本人就因为"洋人脾气"而吃过苦头。

纳西助手整理标本

在丽江的雪嵩村至今还流传着一个故事:洛克一行从阿尼玛卿山回到昆明后,其余的纳西人都回到了丽江,只留下了李士臣等人。有一天,洛克因为李士臣没有把采集的花种记录清楚，恼怒之下旧病复发，狠狠地踢了李士臣两脚，哪想到李也"日火起来"，恶狠狠地回敬两脚，于是两人大打出手。被打得鼻青脸肿的洛克气得发疯，拔出手枪想干掉李士臣，结果被李家兄弟把枪缴了下来。李家兄弟把枪送到美国领事馆，让领事劝告洛克给他们算工钱然后走人。李士臣对美国领事说："洛克是人，我们也是人，洋博士学问高，可还得向我们纳西人学学如何做人，我们不得不教育下他这狗杂种。"在圆滑的美国领事的劝说下，第二天洛克终于向纳西人的"高原脾气"低头，用半生半熟的纳西话向李道歉，说："我们还是朋友，不，我们永远是朋友！"李说："是朋友，那就好。"双方于是又重新和好如初。此后洛克带李士臣和吕万育去了美国。从这个小故事中人们明白了洛克为什么和纳西助手口角几句就会想到自杀。不打不相识，两种火暴脾气碰在一起，没有真诚和宽容是难以想象的。吃硬不吃软的洛克对于纳西雇工和助手，不管手头多么紧，都要用高工资来补偿发脾气的不良效果。在野外，每个纳西人每天的工资是两个半大洋，在当时算得上是高工资了。纳西人成了洛克生活中必不可少的一个部分，无论在昆明还是在丽江，洛克都会为组建的纳西大家庭而自鸣得意。这个坏脾气的家长有时也会显示一下他的宽厚，每当手下人喝酒喝多时，洛克就会用纳西话开玩笑大叫："酒疯子来了！"

多年颠沛流离、居无定所的生活对洛克的影响很大，虽然不断地变换生活环境会丰富自己对生活的深刻认识，但洛克渐渐地想到过一种宁静独处的隐居生活。20世纪30年代以后，他开始醉心于研究纳西族的语言与文字。热情幽默的纳西人、纳西的古王国和丽江的山山水水成了他理想中的精神家园。

泸沽湖畔的梦幻

泸沽湖岛上当年洛克修建的玻璃亭阁

几百万年以前,横断山脉地壳的运动使金沙江畔一个群山环抱的高原盆地中央裂开下陷而集水成一个很深的湖,湖的形状如曲形葫芦，故名泸沽湖。泸沽湖，摩梭语称"黑纳米"，意为"母海"，即"母亲的湖"。在洛克为《国家地理》杂志撰写的三篇游记——《黄喇嘛之地——木里》《贡嘎岭——草莽英雄的圣山》《明雅贡嘎的荣耀》中，文字上几乎没有着墨于永宁的风土人情，却附录了八张泸沽湖的风景照，此外还有永宁土司总管阿云山一家的照片。一百多年过去了，那美丽小岛上的亭子仿佛还深深地印在人们的记忆中，映入湖中的狮山仍是那么明净和一尘不染，清澈美丽的泸沽湖仍然充满仙境般的诗情画意，美丽的摩梭姑娘荡一叶轻舟在白云和蓝天间，美妙的歌声流过清平如镜的湖面。到过泸沽湖的人一定和洛克有同样的感受，那里的美是难以用语言来描述的。我们也突然明白，为什么对洛克的文章一向有微词的《国家地理》杂志的编辑，会一再使用这些与文章内容并无关联的图片，虽然这些图片并不能完全真实地尽现泸沽湖缥缈清灵的境界。到过泸沽湖的人都可以用心体会到，这个青山环绕的高原湖泊弥漫着一种天生的音乐灵感。洛克在《国家地理》杂志中虽然没有对永宁着墨太多，但后来在《中国西南的古纳西王国》一书中竟用了四分之一的篇幅来描绘永宁这个美丽的地方，可见他对泸沽湖的情有独钟。在崇山峻岭的横断山脉有这样一个方圆百里美丽的大湖本身就是一个奇迹，更奇妙的是几十年前有一个奇人就住在这个湖中的小岛上，这个人就是永宁土司总管阿云山，他与洛克的一段生死之交更是令世人感动。

阿云山总管

如果说洛克一生之中有一位真正的朋友的话，那么非忘年之交阿云山莫属。阿云山的正名是阿夺奇，字云山，他是永宁土司的大总管。泸沽湖边的永宁是举世闻名的女儿国，但永宁土司家族却是父系大家族，他们的祖先据称是元世祖南征大理国时在永宁驻防的一位将军，阿姓家族是这位蒙古将军的后裔。

关于永宁土司的阿姓，有一个古老的传说。明朝的时候，永宁的土司到北京朝见永乐皇帝，永乐皇帝问永宁土司叫什么名字，这位土司听不懂汉话，于是说了一声"阿"，当地的话是"不知道"的意思，于是皇帝就赐永宁土司姓阿。我们今天难以考证这传说的真伪，至少有一点，说明永宁土司以自己的贵族血统而自豪，但是不是蒙古族血统仍有疑问。因为据《元史》记载，元朝时建立永宁州，设置了土司制，永宁土司从明朝洪武十四年卜都各吉被封为州职时，摩梭祖先泥月乌已传到了第三十二世。洛克认为卜都各吉很可能是一个纳西名字，卜都在纳西语中意为编得很密、不漏水的篮子,或许是个氏族的名字。永乐四年,永宁州被提升为府,到清朝光绪二十二年阿应瑞袭职共传二十二世,到民国最后一任土司阿明翰共传二十四世。由于不得与百姓通婚,这个百年孤独的家族只能在蒗蕖、盐源、木里或永宁自己的阿氏土司家族中实行内婚制。

在洛克所认识的土司当中,甘肃的杨土司和木里土司与他交往很深,这两个人最后的结局都很悲惨。而永宁的阿云山却是一个与众不同的人。洛克一向爱憎分明,对永宁的其他人他都没有什么好感,对阿云山却是青眼有加。1927年,吸食鸦片烟的永宁老土司去世,用洛克的话来说,"整天只会数念珠"的永宁喇嘛寺住持和"呆板"的活佛根本不能控制大局,事实上一直能够主持永宁政局的就只有阿云山。

阿云山1871年出生于蒗蕖阿氏土司家族,少时家道衰落,曾在汉族卢团总家放猪,由于相貌出众,聪明伶俐,被永宁扎美寺住持阿品嘉俄莫送到扎美寺出家做喇嘛,并到拉萨吉朵扎仓寺学经六年,先担任扎美寺的"拉擦"一职,后因才干出众,家族里的人在迫不得已的情况下逼他还俗,担任永宁土司的大总管。1925年,这位大总管移风易俗,不顾家族成员的反对和阻挠,从泸沽湖畔的下落水村里娶来了一位美丽的摩梭姑娘做主妇,此举在当时永宁的阿氏家族和平民摩梭人中不亚于一场七级地震。

阿云山总管与小儿子

在洛克的眼中,阿云山总管是一位天才的外交家,使势单力薄的永宁在弱肉强食的环境中始终立于不败之地。洛克初到永宁时曾对土司统治之下的土地赞不绝口："与云南及中国其他动荡不安的地方相比，这是一块被统治得井井有条的地方，总管的统治很温和但很牢固，总管所到之处都会有民众趴在地上磕三个头，因为关心百姓的统治者能帮他们抵御土匪的抢掠。而在汉人官员统治下则不可能有这样的宁静。"

令洛克感到惊奇的是，永宁虽然实行土司制度，却没有法庭和监狱，人们可以随心所欲地生活，这与酷刑厉法森严的木里形成鲜明对比。老百姓有了冤屈就去找阿云山总管解决。洛克形容老总管的公正与英明有如古代所罗门国王的圣贤，但是大多起不了什么作用。有一次是木里的彝族部落绑架了摩梭人家的一个儿子，另一次是有一人来抱怨妻子与人私奔。洛克目睹了阿云山总管像"慈父一样耐心地把故事听完"，但又无所作为。因为他自己没有什么军队，救不了被绑架的人，只能表示一下安慰，或者讲几句笑话，调解一下夫妻之间的纷争。他在人们的心中，不像是一位统治者，更像是一位德高望重的家长。

在历史上永宁曾是元军的驻防地和木氏土司木家军向外扩

张的基地。它虽然北依高山，南临长江，但并不是一个天然的堡垒。虽然在历史上曾有过一段兴盛时期，但自清朝末年以后，永宁的土司制度已渐渐式微，这种弱势的形成更多的是由于文化上的内因。在这块土地上，摩梭、普米、彝、藏等民族分散而居，而泸沽湖边爱好和平的摩梭母系社会不能向黑彝的父系氏族那样组织强有力的战争机器，而且统治者无为而治，加上可耕地和人口都很少，因此无力组织一支军队进行防卫。阿云山是一个开明的绅士，他不像木里的土司那样担心被统治的民众会起来造反，因此分发武器给农民自卫。1924年，为了防范贡噶岭的流民来袭，他在永宁喇嘛寺周围曾兴建土墙，但他更多的是倚重温和的外交来处理争端。在阿云山担任大总管之初，他先是同盐源左所、前所的土司，还有木里土司八尔斯丕家族改善了关系，后又同凉山的黑彝补余拉惹千长等民族头人结成了朋友。与此同时阿云山还组成马帮，积极开展对外贸易，使永宁在很长一段时间内能在平和宁静的环境中发展求存。但"弱国无外交"，永宁的文化传统形成了一种消极防御的策略，那就是"无为而治"。洛克注意到："在许多村子里，他们故意不铺路和开店铺，因为害怕汉人一来就会霸占他们的土地。"洛克曾经问喇嘛寺的住持为什么不在永宁种水稻，因为这样可以养活更多的人口，这位住持回答他说，我们能种出很好的稻米，但是那样的话，汉人一来就会抢走人们的土地，土司在倾巢之下岂有完卵？所以汉人官员来视察时他们会买通贿赂他们，让他们回去向上级报告："永宁这个鬼地方太冷了，又经常下雪，地上长不了什么庄稼。"但这样的把戏玩儿多了也骗不了贪得无厌的汉人官员，他们往往要永宁的土司提前预付几年的税收，阿云山总管既不得罪也不会完全满足这些人的无理要求，不软不硬地对付他们，但消极的策略导致了极度的贫困。洛克在永宁附近的一个傈僳村庄看到："凄惨的村屋像石块一样堆在一起，大部分村民患有甲状腺肿和侏儒症，因为许多人家一直内婚，儿童全身赤裸，又脏又黑。"而贫困并不能消除土匪的抢掠。1929年2月9日，在永宁前往木里的路上，洛克曾经记下这样的情景："中国新年的前夕，摩梭村民在家门口用松树枝装饰一新，准备过年，这时野蛮的土匪抢劫了他们，赶走了他们的牲畜，放火烧了村舍，还有更糟的，还抢去他们的儿女为奴。过年的时候我路过这个村子，有几个农民静静地坐在废墟上悲叹。"村庄烧了又建，建了又烧，年复一年，永宁的百姓在无边的苦难中挣扎。洛克写道："虽然湖和周围的环境是如此平静，但这里的人民却经历了许多痛苦和动荡的日子，并且无疑的，这样的日子他们还要过下去。"

阿云山为人修养很好，品位很高，聪明绝顶，李霖灿形容他"不识一字尽得风流"。不但他不识字，而且连他手下的官员也都不识字。这可能是一种误解，因为在永宁一直是使用藏文，不识汉字倒是确凿。洛克曾在日记里记载了这位喇嘛总管不识汉字引起的尴尬与不便："有紧急的事发生后，贴有木炭和鸡毛的信就会由人昼夜兼程地送到岛上，交给总管后，由于没有人认识字，他得等到第二天早上天亮和风浪平息以后，划船到岸边，然后骑马到永宁，这时大半天已经过去，他还得找到能读信的人，然后再找会写字的人给他复信。"当时永宁隶属永北（今永胜），汉文公文的往来确是一件令人很头痛的事，阿云山的儿子阿少云在继任总管之职后，曾雇请了丽江的纳西人做汉文师爷。

1929年，龙云与胡若愚在滇、川边界发生摩擦。据洛克记载，溃不成军的胡若愚军队路过永宁，向阿云山勒索粮食、衣物和钱财，否则将要到永宁烧杀抢掠。阿云山迫于无奈，送去了几袋大米，但贪得无厌的胡若愚仍不肯罢休，又提出要三万银元，阿云山没办法，只好又送去一百多银元才了事。但豺狼过去又来了恶虎，龙云因为阿云山帮助了对手而借机想敲诈一笔，要阿云山到他那里把事情讲清楚，老总管只好把喇嘛寺住持送去谈判。龙云果然把住持扣为人质，后来用不少黄金才赎回来。但有另外一种说法是阿云山在接到龙云的命令后，组织了几百人的团丁成功地狙击了胡若愚的同党张汝骥，并受到龙云的嘉奖。

无论哪种说法，本质都是一样的，军阀的混战让永宁永远也不得安宁。洛克看到，军阀的横征暴敛，使泸沽湖畔的人们经历了忧患苦难的日子，而幸福宁静的生活早已成为过去。阿云山心中极度苦闷和无奈，他怕他的百姓染上毒瘾而在永宁禁种鸦片。1931年，龙云下令在永宁种植鸦片，但阿云山还是一推再推，他知道自己时日无多，小心地使用一种拖延战术。永宁的土司制度在风雨飘摇的乱世中走向衰亡，阿云山渐渐感到自己无力回天，繁杂的事务令他心力交瘁、未老先衰。功名利禄和权力对于他来说已是过眼云烟，内心深处的宁静和与世无争的生活才是他最后的归宿。尼落浦小岛是他苦心经营的避难所和精神寄托，在他生命的最后几年里，他很少离开这个小岛。1933年夏，在他弥留之际，他叫人把他抬到玻璃窗前，把他深深眷恋的湖光山色浏览一遍，当着夫人的面，让人把他的私印投入湛蓝的湖水深处，然后含笑而逝，终年62岁。

洛克写道："自从这个最能干的人逝世以后，这些区域已经陷入灾难，它标志着土司末日的开始。"

在水一方的尼落浦岛

洛克在《中国西南的古纳西王国》一书中曾深情地写道："泸沽湖是整个云南无例外的最漂亮的一片水，无法想象比这更美的一个布景。湖水清得如水晶一样深蓝。在有森林的小山脚下，树荫之下，水由深蓝变成紫色。湖周围的山上长满茂密的森林，山边有凹陷下去的深渊，渊里的小溪流入湖里，笼罩这里面的静谧与安宁的确奇妙；小岛像船只一样浮在平静的海上，一切都是静穆的，真是一个适合神仙起居的地方。"

泸沽湖是一个山中有湖，湖中有山，山光水色变化莫测的高原湖泊，湖的北面曾属于木里土司，东面属于左所土司，南面属于永宁土司。那些适合神仙居住的小岛，如点缀在深蓝色空中的星辰，在水一方的尼落浦岛位于泸沽湖的正中央，是泸沽湖中众多美丽岛屿中的一个。这是一个狭长形的小岛，岛上林木苍翠，芳草鲜美，岛的四面烟波浩淼，青山如黛。一百多年前，在层林掩映的碧波之中，这里曾经是亭台楼阁，曲廊萦回，好一个高原湖泊中的蓬莱仙岛。虽然雕梁画栋卷不及暮雨朝云，沧桑的岁月仍仿佛明灭可睹。

尼落浦（摩梭语为"黑瓦俄"）又叫永宁水堡，它位于泸沽湖的湖心，这个小岛的主人就是当时永宁土司的总管阿云山。为了防止贼人来袭，沿岛的水边修起了寨墙和碉堡，除了几条水道，在岛的四周把削尖的大树放沉在水中并布上鹿角，是一个天然的水中城堡。在洛克留下的照片中，我们可以看到水堡当年的模样。洛克曾在著作中记载这个当年戒备森严的小岛"是战略上最重要的一个岛，在湖的中心，超出来复枪的射程以外，环岛有墙和备有枪眼的高塔，可以防盗匪的袭击。此外，为防止在岛上任何地点的登陆，岛屿的周围都有沉下去的大松树，树根在岛上，但分枝刺向水面。除西面外，任何筏子都不能接近这个小岛。西面只有一个正式的登陆地点，在下沉的松林中有一水道，岛上的墙只有两道大门，一道在西北面的登陆地点，另一道在对过的东岸，最高点在岛的南端，比湖面高出100英尺（30.48米）"。在兵荒马乱的岁月里，附近土司家族都把他们的金银珠宝存放在这个水中城堡里，使其成为一个名副其实的"金银岛"。

泸沽湖中的尼落浦岛

这个小岛红色的盖瓦围墙连有14个碉楼，说明了泸沽湖在历史上的战略地位。湖中7个小岛中有不少岛屿至今仍有木天王的碉堡残迹。从泸沽湖边的下落水村可以乘猪槽船到这个小岛上，据说几百年前丽江木天王的士兵乘一小筏子到岛上，结果被大风吹翻，人都被淹死，尸体被冲到小岛的岸湾，这个小水湾从此被称为西曼（死尸）。1916年在岛上修建房子时曾挖出许多雕刻着狮子花纹的石基，阿云山曾把它用作格姆女神神龛前的香炉座。岛上的别墅在1931年又重新装饰过。据说这个岛上的最高处有一幢房子就是由洛克设计的,这幢房子有一个能容百人的大客厅,客厅三面是落地的大玻璃窗,所用的玻璃当时用骡马从昆明千里迢迢地运来,从这个独具一格的大客厅旁的阳台可以饱览泸沽湖秀丽的景色。

洛克一生曾多次到过泸沽湖,与这个美丽的小岛结下了不解之缘。第一次是在1924年1月,洛克从丽江出发初访木里,往返时都经过了永宁。虽是来去匆匆,但四面青山环绕、碧波荡漾的泸沽湖和热情好客的主人给他留下了深刻印象。二十多年以后,洛克在他的著作中写道:"永宁领袖们的好客,特别是已故总管阿云山的殷勤招待是无以复加的。阿云山是友好亲善的化身,使人真正感到是受欢迎的。"1927年春,洛克从阿尼玛卿山归来,在昆明一直待到7月才带上两个纳西人到美国,同年11月20日,洛克一行从美国回到昆明,在昆明待了整整四个月。1928年3月22日洛克离开昆明,4月23日抵达丽江,4月至9月间,洛克经永宁到木里,两次探访贡嘎岭又经永宁原路返回丽江,尽览泸沽湖春秋两季的美景。1928年11月至1929年2月,洛克在永宁度过了一个漫长的冬天,静静地躲在泸沽湖上这个名叫尼落浦的小岛上专心写作,写贡嘎岭的雪山和草莽英雄,与此同时,洛克也想在这个如蓬莱仙岛的地方研究当地奇异的民风民俗。但是天公不作美，11月21日已是高原晚秋，尼落浦小岛上层林尽染，在这秋水共长天一色的时节，洛克马帮中有人突然发病，高烧几个小时后就死了。洛克虽然在探险中历经危险，但从来没有人因此出过事，此事让他感到极度内疚和难受，他怀疑是因跳蚤和壁虱传染的瘟疫，因为这种奇怪高烧无药可医。就在同一天，又有一个赶马人发高烧，此人后来死在回家的路上。洛克马上命令手下人采取各种消毒措施，很快就阻止了疾病的蔓延。这个冬天，在尼落浦岛尾的亭子里，洛克在研究纳西族方面取得很大进展。2月3日，从缅甸八莫来的美国罗斯福探险队途经永宁到四川寻找大熊猫，洛克给予他们很多帮助。一个星期后，洛克一路风雪又回到丽江。

1929年3月，洛克又从丽江出发，经永宁到木里，探访远在打箭炉（康定）的贡嘎山，7月洛克回到木里的枯鲁，8月洛克到达永宁。这时发生了一件意外的事情，据说是因为在这一年，贡噶岭一带下了大量的冰雹，把藏民种的青稞全给毁了，贡噶岭的强人们认为是洛克逆行环山，冒犯了山神所致，于是想追杀洛克。好在阿云山总管悄悄把洛克从永宁接到泸沽湖上的小岛——尼落浦暂避。贡噶岭的强人当时给洛克写了一封恐吓信，宣称他们有两千人已经进入永宁境内，洛克情急之下不敢久留。由于当时滇、川的军阀在交战，奉科的渡口无船可渡，10月13日，由阿云山召集了江边最擅长游泳的22个纳西人，在整整两天时间里，不分昼夜地用150只羊皮筏渡江，才使洛克一行及行李和马匹安然渡过水流湍急的金沙江。

这件事的起因并不简单，贡噶岭的强人首领是扎西宗布（音），洛克在贡噶岭的时候曾在环山途中遇到过他，并与这个神秘而又和蔼的人喝过茶，这个草莽英雄当时保证不会袭击洛克一行。他与木里王之间的关系实在是太微妙，木里王为了不出意外，还让他的妹夫，也就是他的藏军司令护送洛克，而这个在木里权倾一时的家伙对扎西宗布却是怕得要死。事情的真正起因可能源于1929年春天，当时洛克在木里曾无意中听到贡噶岭的强人给木里王送信，要求越过木里境内到永宁抢掠，洛克于是悄悄地派人到永宁给菩萨心肠的阿云山总管送信，让他带人占领木里境内的关隘，以防止强盗的来袭。但大智大勇的阿云山并没有出兵挑起纷争，而是暗中派人加强防范。没有不透风的墙，扎西宗布得知此事后一定是恼羞成怒，于是才向木里王的尊贵客人下了逐客令，冰雹只不过是一个神圣的借口而已。洛克也许是想不连累老总管才离开尼落浦岛的，从此他与老总管结下了深厚的友谊。

洛克最后一次到泸沽湖是在 1942 年，为了逃避日本飞机投下的炸弹而跑到泸沽湖。洛克在他的《中国西南的古纳西王国》一书中回忆道："现在尼落浦岛已被遗弃，给它生命的那个人是它真正的灵魂，而他已经不在人间了。他的家庭先搬到湖边的落水村，后来又搬回到岛上，那时，岛上的墙已倒塌，一些猪把每块围墙基础的岩石都拱翻，造成毁坏和荒废，这一块和平小领地的父亲阿云山的遗体，在尼落浦岛最高横岭上火化，这是他最喜爱的地方，也是他选择度过他人生最后岁月的地方。"

这时到无量河一带考察纳西族先民迁徙路线的李霖灿先生也在泸沽湖，他曾在一篇文章中深情地回忆了当时的情形："湖山无恙，故人已逝，那两棵他亲手植的尤加利树苗早已高可参天，洛克博士一进山门便用他那老态龙钟的双手一再抚摸树干，手背上的皱纹和尤加利树干的光滑相映成趣。我忘不了那天总管夫人盛装盈盈相迎阶前，两人相对无语，好一会儿，老博士含泪强作微笑送上许许多多礼物，总管夫人依当地风俗褰裙为礼之后即泣不可抑地径返佛堂，传出话来，连嘱尽量招待好这位不远千里而来的自己丈夫的生前好友。"

洛克儿时没有感受过真正的父爱,是阿云山这位善良的老人使他这个天涯浪子感受到了家的温暖,所以洛克曾经说过,阿云山就像他的父亲一样,这一点有李霖灿的文章为证:"洛克博士次日又约我们去看老总管的坟墓,原来就在我们所谓的乐水岛上,我们一面听他口述他们两位老人家的往事,一面遍岛踏寻云山总管的墓茔,只是那一天喇嘛不在岛上,结果是遍寻不见颓然而返。老博士在黯然神伤之后还来了埋怨愤怒,因为随我们来的老总管的两位公子也竟然不知道自己父亲的瘗骨之所。"我们可以想见洛克当时的心情,因为"洛克博士一两天都不大开口讲话,只终日里绕室徘徊,尤其是好到岛尾小阜上的亭子间去独自徘徊,因为这里是他当日的书房"。

在洛克离去后的一天,夕阳如血,在眺望狮子山的小亭子里,李霖灿发现在墙壁上洛克留下的一行英文字:"若说这是我最后一次来看泸沽湖,我说这话时心中实在是太难过,然而一个人年纪如此,不这么说又如何说呢?……泸沽湖依然是美丽动人,但由于没有了我的老朋友阿云山,我在这里也住不下去了,我只能心有余恨地在这里向泸沽湖山告别。"

泸沽风情

在丽江生活了九年的俄国人顾彼得在《被遗忘的王国》中曾这样描述摩梭人："居住在丽江北面大约七天马帮路程处的某个母权制部族人来到丽江时，总是要引起一场轰动……吕喜是个英俊的种族，他们身材雄伟高大，体格魁梧，面貌迷人。不是说他们不像黑彝，而是说黑彝人具有严肃而像鹰一样的相貌，更像古代罗马人，吕喜更多地属于古代希腊人类型。他们的外貌和举止温文尔雅，很少粗鲁。像彝族妇女一样，她们穿拖到地上的长裙，系红色腰带，穿黑色羊皮褂，头戴帽子或头巾。有时她们不戴帽子，留着罗马发型，用发网固定住。她们打着很浓的口红，画了眉，她们有时走得慢，有时走得相当起伏波动，穿行于街道上，扭着屁股，微笑着，向这个男子或那个男子投以俏情的眼光。就这一点足以激怒不那么世故的纳西族妇女了。"不知道顾彼得有没有去过永宁，但在他的笔下，摩梭女子对丽江街头爱讲闲话的人们故意表示出的轻蔑与自信被描绘得惟妙惟肖。

这种轻蔑与自信来源于他们的婚姻和文化。在摩梭人的社会中，没有丽江纳西族那种因婚姻不自由而产生情死的悲剧。

"阿夏"是摩梭古语，意为亲密的情侣。摩梭人的阿夏婚姻是男儿不娶、女儿不嫁、暮合晨离、聚散自由，这种以爱情为基础的婚姻，要求男方要有智慧、才干和健美的体魄，女方同样要有美丽的容貌和优秀的品德。经过许多代的优胜劣汰，使这里男女都高大、健壮、俊美，母系大家庭内部和睦温馨。他们的社会没有偷盗和暴力犯罪，人与自然和谐相处。令洛克感到惊奇的是，永宁没有丽江那种惨烈的情死现象。洛克描述道："在永宁，摩梭女孩儿留在家中，依照自己的意愿接纳一个男子为夫，维系或中止这种关系取决于女子的意愿。"当然，这种婚俗也不是百分之百的完美，离散太过自由，婚姻的基础太薄弱。不管怎样，洛克注意到"永宁摩梭的社会道德水准很高"。就是洛克这样聪慧的人，也很难解释这种社会现象，只能用"道德标准很特殊"一言以蔽之。这种独特的有母系社会特征的婚姻形态，如何能在父系部落军事强权的吞并中生存下来，这本身就是一个奇迹，更是一个文化上的难解之谜。洛克并不像某些人一样用猎奇的眼光来看这个问题，或为一些老掉牙的经典理论寻找注释，因为这无疑是不健康和畸形的心。

现在的民族学研究认为，摩梭是南迁的古羌人的一个支系，与纳西在文化上有着很深的渊源，洛克把永宁和木里的摩梭也归于他所著的《中国西南的古纳西王国》大概就是出于这种考虑，这种文化上的联系十分古老，是不能用现代的民族心理去衡量的，所以定界是"古纳西王国"。而盛极一时的木天王的疆界曾一度扩张到泸沽湖和木里，今天在木里有父系部落的日西人曾自称是当年木天王士兵的后代。在"古王国"的区域里，民族的融合打上了一个个文化的结，洛克便是最早从语言学和宗教学角度尝试解开这些文化谜结的先驱之一。

洛克认为，纳西语言与摩梭语和彝语有关联，摩梭语比彝语更接近纳西语，摩梭语作为纳西语的东部方言区，与丽江的纳西语还是有很大区别，丽江的纳西与宁蒗、永宁的摩梭人对话时要通过汉语来作媒介。他认为把丽江的纳西都称作摩梭是一种误解，这与汉人对少数民族的历史记载失实有关，即把麽和些混在一起了。洛克认为，虽然有纳西人与摩梭人通婚，但由于长江的屏障，他们聚居在永宁及相邻的区域，与丽江是分离的，摩梭与纳西是两个不同的部落。纳西东巴施行的仪式与摩梭达巴的仪式完全不同，后者的仪式比纳西的更早、更原始，另外就是纳西的东巴有图画文字，而摩梭达巴只有口诵经。纳西人是唯一进行祭天的部落，摩梭人则对祭天一无所知。洛克并指出了法国学者巴克和拉曼把纳西和摩梭混为一谈是错误的。他认为，祭天仪式是纳西先民从羌人中分离出来时从西藏北部草原带来的。此外，纳西妇女的服饰与摩梭妇女的服饰截然不同，而在中国西南，妇女的穿着在部落里是始终如一的，通过妇女的穿着立即可以辨认出一个部落来，并认为对纳西和摩梭应使用正确的用法。

永宁摩梭妇女

关于纳西与摩梭民族识别的问题，目前国内外学术界尚有许多争议。美国人类学者孟彻理在一篇名为《纳西、日夸、摩梭、蒙族：云南、四川交界处的亲属、政治和仪式》的文章中曾有精辟独到的论述。他说，1949年以前，摩梭社会在永宁坝子呈现明显的等级划分。在永宁，三种最有权势的人是土司、土司总管和格鲁巴派的首领（堪布），土司和堪布是兄弟，总管由土司任命。在近代，这个职位一直由不断和土司家族通婚的家族成员担任，虽然土司和所有其他摩梭家庭之间超越等级的婚姻可能性是存在的，但绝大部分的婚姻发生于土司家族和邻近的土司家族之间。行政权和宗教权都几乎完全控制在土司家族和与其有姻亲关系的家庭手中，母系百姓和奴隶家庭构成了摩梭人口的大多数，除了山区摩梭男系习俗之外，永宁坝子里普米族村子中的普米族有的也实行了摩梭人的"走婚"做法。他们有时说这是摩梭土司迫使的，如果这个说法成立，那么坝区普通摩梭家庭的母系习俗是摩梭上层阶层为维护其统治地位而制造出来的这种可能性就很大了。恰当的父系习俗是一种使其能有效地限制普通百姓向上层社会提出挑战可能性的方法。孟彻理指出，研究纳西与摩梭的亲属关系、婚姻和居住模式，需要考虑邻近各民族的习俗，并研究其政治、经济和宗教制度的发展。当分开来看时，丽江纳西和永宁泸沽湖地区摩梭的习俗表现得正好相反，但是考察更大范围内的区域史，则显示这两个地区的模式仅仅是云南、四川边界地区涉及几种少数民族多种不同模式中的两种。虽然对这种制度产生的确切历史证据可能永远也找不到，但对现存差异的比较则可以看出双边亲属关系归宿构成了制度的基础。完全的父系和母系是在特定地区以很强的政治、宗教和经济因素为条件而表现出的一种特定的历史转换。

对一种文化现象的阐释，无论从横向还是从纵向来看，都可以看出南迁古羌各支系在社会发展上的不平衡。有的民族学者认为，纳西在公元3世纪就有可能进入奴隶社会，至少在5世纪之前就实行了父子连名制。公元7世纪，纳西的奴隶主贵族叶古年就完全夺占了"濮人"所居的丽江坝，并在隋末唐初创造了古老的象形字，到宋朝初年，东巴教开始用象形字来写经传教，到元、明、清三朝，木氏土司在滇、川、藏占领了广大的地域，包括摩梭人所居的宁蒗、盐源、木里等地。而令人惊奇的是，近千年的时间里，纳西与摩梭在社会形态与文化上所存在的这种差异性又该如何解释？有的学者认为，永宁的母系社会很有可能不是原生形态的，进入父系的家庭又有可能倒退进入母系，而"活化石"之称有待商榷。更有学者指出，永宁、盐源等地，是各种婚姻、家庭形式长期并存、彼此消长的地区。因为永宁的摩梭一直存在着与不同婚姻形式相联系的四种家庭形态：纯粹由母系血亲组成的"家庭"；以母系血亲为主，掺入了女成员赘夫的家庭；母系、父系成员兼而有之的家庭；纯粹由父系组成的家庭。值得注意的是，由于某种特定的历史原因，很可能强化了摩梭人女性不外嫁的婚姻形态，同时又不会像有的民族那样因近亲结婚而导致人口素质的下降。由于摩梭社会在历史上没有形成过强有力的军事组织，在洛克探访泸沽湖的年代，在军阀和土匪的袭扰下，永宁的土司制度已经风雨飘摇。个性平和的母系社会很难抵御外来势力的入侵，但深重的苦难并不能抹去她永恒的美丽。

一个多世纪过去了，轻轻荡漾在泸沽湖上的摩梭女的歌声依然是那么甜美，那种前所未有的幸福、安详和快乐是洛克当年所感受不到的，但是人们永远不会忘记阿云山和洛克的故事以及那个美丽的小岛。

遥远的阿尼玛卿山

归去来兮

1924年3月，洛克在离开丽江回国的时候，与他在一起工作过的纳西人一定把他当作了一只一去不复返的仙鹤，因为他走得是那样的匆忙且义无反顾。没想到几个月后，他们就接到了洛克的电报，要他们到昆明等候，也不知洛克葫芦里面卖的是什么药。他们在离开丽江时，没想到这一去就杳无音信两年多，让家里人担惊受怕、望眼欲穿。他们像一群北飞的大雁，一种命运的力量把他们带回到了祖先们曾经居住过的遥远的北方，因为有一座雪山在召唤着他们，而白雪皑皑的雪山，是这个民族生命里不可缺少的一个部分。

1923年,洛克在云南德钦一座喇嘛寺的墙上看到一幅壁画,画的是一位山神。这位神灵骑在一匹白马上，背后的雪峰是他居住的阿尼玛卿山，左边是太阳和一道彩虹，右边是月亮，他的下面是骑在一条龙身上的春天女神，头发上有蛇。在他的右上方的云彩上有一个骑鹿的女子，是他的妻子，而在这个女人的下面是一个骑在牛上的神灵。这就是阿尼玛卿山的守护神，所有藏族都崇拜这个神灵。洛克在拍摄下这幅壁画时可能没想到，两年以后会到这座山去目睹他的风采。阿尼玛卿山，又名积石山，一称玛积雪山，藏语意为"祖父大玛神之山"，位于青海省东南部，延伸至甘肃省南部边境。它是昆仑山东段的中支，为西北、东南走向，黄河绕流在其东南侧。阿山长约200公里，宽约60公里，平均海拔4000～5000米，主峰玛卿岗日，海拔6282米。该山犹如一幅洁白的天然屏障，向东南迤逦。相传此山为开天辟地九大造化神化身之一，也是21座神圣雪山之一，排行第四。玛卿雪山山神是藏族人的保护神，专掌安多地区山河沉浮和沧桑之变，据说只要绕山瞻拜一周，就可以消灾免祸终生。

1924年这一年的夏天似乎特别漫长，洛克由中国返回华盛顿后，就忙碌着为国家自然历史博物馆辨别经他采集的80000件各种植物标本，这些标本有许多是重复的，以便于博物馆之间相互交换标本。洛克在中国卓越的工作得到了学术界的一致公认和好评，由他在中国西部采集的1600件鸟类标本中，经鸟类学家J.莱利研究后认定了三种新的品种，并以采集者洛克的名字命名。夏日的华盛顿闷热而潮湿，若有闲暇，洛克就到天气凉爽的缅因州和罗克兰岛避暑，同时着手为《国家地理》杂志撰写在木里的游记。虽然回到了他渴望已久的西方文明世界，但物质上的享受并不能填补他精神上的空白，对人对事常常使他感到有点儿格格不入和心不在焉。为此他还专门跑了一趟夏威夷去散散心，当地报刊对他的阿谀之词使他有点儿飘飘然，这时他又想到了在中国的种种好处。

自从初访中国之后，好运气一个一个地接踵而来，这是洛克最初没有想到的。一是挣到了不少钱，二是满足了自己的探险欲望又出了名。他在中国采集植物的成就无疑引起了哈佛植物园园长查尔斯·S.萨根特（Charles.S.Sargent）的注意。哈佛植物园成立于1782年，由萨根特一手组建，成立以后，曾从东方引进大量的观赏植物，萨根特本人曾于1892年到过日本。萨根特是个求贤若渴的人，哈佛植物园网罗的英国的植物学家欧内斯特·威尔森就是他用高薪挖过来的人才。威尔森当时48岁，1910年在四川的探险考察中一条腿受过重伤致残，虽然不再适合野外探险，但他1919年还在台湾岛和朝鲜半岛进行考察后才彻底放弃田野工作。哈佛植物园引进植物的工作常常受到美国联邦政府的干涉和刁难，美国农业部要求所有引进的植物都要接受官方的严格检查和消毒，以防害虫传入美国。此举本来无可厚非，但萨根特却大为不满，认为这种垄断的检查制度是"只许州官放火，不许百姓点灯"，指责华盛顿这帮白痴扼杀了珍稀植物的引进工作。另一方面，他又十分嫉妒美国农业部有像洛克、弗兰克·迈尔、大卫·弗尔秋德这样杰出的植物学家。在得知洛克暂时赋闲在家后，精明的萨根特认为在引进植物方面可以利用洛克的才能和关系。萨根特先是和洛克通过信件取得联系，在条件商讨成熟后，1924年7月末，洛克抵达波士顿。老萨根特慧眼识英才，十分看重洛克的加盟，马上拨给洛克一间办公室，并邀请洛克到自己的别墅喝酒和吃晚餐。萨根特这时已有八十多岁，对雇员的这种礼遇可说是前所未有，就连萨根特守寡的女儿也对洛克刮目相看。桀骜不驯的洛克顿时受宠若惊，十分感激萨根特的知遇之恩。洛克的到来受到植物园同事的热烈欢迎，同事们虽然知道他脾气火暴以及极度敏感，但还是很尊敬他。但也有同行相轻的人，洛克的得宠使威尔森倍感失落，但我行我素的洛克并没有留意到这一点。洛克到中国后曾给威尔森写过信，但威尔森从来不回信，洛克为此曾写信问萨翁，心知肚明的萨翁也有意回避这个问题。

哈佛植物园有许多威尔森从湖北、四川引种过来的植物，其中还有许多与英国和法国植物园交换种的植物，但是这些植物大多不能适应马萨诸塞州恶劣的气候。萨根特想收集中国西北部寒冷地带的植物，他曾派威廉·布顿（William Purdom）到甘肃，但计划以流产告终。哈佛植物园想在这一地带采集一些树木和灌木，这与洛克的期待不谋而合，洛克于是提出到阿尼玛卿山、南山、昆仑山及附近地区考察。阿尼玛卿山是一个极大的诱惑，如果能证实阿尼玛卿山真的比珠穆朗玛峰高，对一个探险家来说是无比的荣耀。萨翁虽然对山的高度不太感兴趣，出于采集植物的考虑，同时也为洛克的热情所鼓舞，还是同意了该计划。该探险计划为期三年，由植物园给予洛克头一年的经费和酬金 14000 美元，第二年为 12000 美元，第三年每个月给 500 美元的工资，并根据具体情况另外给付经费。出发前，哈佛比较动物学博物馆请洛克采集鸟类标本，并为此支付了 2000 美元，而哈佛植物园则一次预支给洛克第一年的酬金和经费。洛克购买了帐篷、折叠浴缸、空盒气压表、照相机、枪支等物品。9 月末，洛克乘火车到旧金山，搭上开往中国的"加拿大皇后"号邮船。

当时中国军阀吴佩孚、冯玉祥、张作霖正在北平混战，洛克到上海后给萨根特写信，告诉他上海的情形："上海是宁静的，但满目疮痍，周围的农村已成废墟，成千上万无家可归的农民逃到租界，租界为此已壁垒森严，到处拉上铁丝网。为防止中国军队涌入，租界与外界相连的木桥已经拆除。"洛克还听到了云南都督唐继尧被刺的传闻和四川独立的消息。洛克急匆匆地从上海赶到香港，他的泰国助手布玛已在香港恭候多时。洛克为布玛的一些举动所激怒，抛下他独自一人前往法属印度支那的海防，然后又乘火车到昆明。1924年11月中旬，洛克到达了昆明。阿尼玛卿山的探险计划也许是开头太顺利了，在资金上一开始就得到了哈佛植物园的大力支持，而以后发生的事情却都反而不尽如人意，这不像是一次普通的探险旅行，倒像是一次漫长的远征。土匪的袭扰和军阀混战使洛克的马帮之行从一开始就陷入泥潭，这一切都是洛克和他的纳西助手所始料未及的。

遥远的征途

整个20世纪20年代是洛克在中国进行人文地理考察的黄

金时代。那些曾经与他同甘共苦的纳西小伙子，在历经战乱和动荡的岁月后，已经没有人能活到今天，他们活着的时候，一定给自己的儿孙讲过许多惊心动魄的传奇故事。关于洛克，关于遥远的北方，许许多多的奇闻轶事足以让东巴们用古老的图画文字来写厚厚的几本书了，但很可惜这些回忆和故事大都随岁月的流逝而湮灭。当改革开放的春风吹绿玉龙山脚下这些小山村的时候，关于洛克和这些当年的纳西小伙子，人们只留下一个模模糊糊的印象。

但是，当我们翻开20世纪二三十年代的《国家地理》杂志，还有洛克留下的几本专著时，在那一张张的黑白或彩色的图片里，那些英武的面孔好像似曾相识的亲朋好友，许多纳西人可能在其中发现自己祖父或曾祖父年轻时的影像。那些遥远的记忆仿佛又复活了，在纳西人的心中，在高原的风中，所有的一切，好像雪山上流下来的一股清澈的泉水，讲述着昨日的故事。

那是一个令人难忘的冬天，这年冬天云南土匪的活动特别猖獗，一是因为军阀远征广西，土匪来填补力量的真空；二是因为滇东北一带雪灾后闹饥荒，据说有30万人被饿死，很多农民沦落为土匪。洛克在美国时就通知远在丽江的纳西卫士先到昆明等他，洛克到达昆明后，12个纳西卫士只来了7人，另外5人因路上土匪袭扰而未能按时到达。此外，因云南都督率军远征广西，一是难以雇到苦力和骡马，二是苦力和骡马的价格飞涨，使洛克不得不在昆明滞留一个多月。直到1924年12月13日，洛克才好不容易凑起一队马帮准备出发。这一天天气晴好，到了中午，26匹骡马、苦力还有护送的士兵组成的马帮才缓缓上路，但那5个纳西人还是没到，洛克只好留下话来让他们随后赶到成都与他会合。

出发后的第五天，洛克的马帮就与一伙土匪遭遇，护送的士兵赶走了土匪。又过了三天，在一个名叫丫口的地方，洛克一行发现前面有一大伙土匪在抢劫商队，这时护送洛克的40个士兵只有12人赶上来，洛克一行只好躲到山上的松林里，洛克在望远镜中看到，有另外一伙士兵突然出现，朝那伙土匪围了上去，土匪们扔下抢到手的七十多担棉花后又绑架了一个厘金官的儿子。洛克后来得知，土匪们用刺刀把人质的金牙挖了下来，并要求用步枪、德国毛瑟手枪和弹药来赎回人质。护送洛克的士兵最后才跟上来，并继续朝东川方向走去。圣诞节前夕，洛克一行投宿在一个小镇中的寺院里。静静的平安夜，洛克一边听着便携式留声机播放的《欢乐颂》，一边给萨根特写信。圣诞节那天地方官不想派兵护送，便对洛克说前面的路很安全，没有什么土匪。洛克要求70个士兵护送，但临走时只来了40人。

没过几天就碰到了麻烦。洛克在日记中写道："12月27日，在一个名叫山口的地方吃过午餐，落在后面的马夫跑上前来告诉我，说土匪追上来了。我一直等马帮到齐才继续前进，但没过多久我的人就喊：'前面有土匪！'这时土匪向我们开火了，有一个士兵顿时毙命，其他士兵则开枪还击。在交火中我们退到了山脚下，我的士兵都很勇敢，挡住了土匪们的进攻，但他们人多势众，我们则寡不敌众，最后退到了山谷底下。土匪们一直咬在后面跟踪追击，我们翻过一道道山岭，我猜想应该没土匪了，但事实并非如此，他们一直尾随我们到了平远街，并俘虏了3个士兵。"在邓川士兵的掩护下，洛克的马帮继续前进。在一个小村子里碰到了从昭通来接应的35名士兵，他们惊惶失措地说坝子里的土匪有六百多人。洛克在村中荒芜的一个寺庙里住了下来，做好最坏的打算。他把所有的银子分给纳西人携带，他自己也带了一包钱、弹药、巧克力、一听炼乳和暖和的内衣。土匪一般都在凌晨洗劫村庄，忧心忡忡的洛克彻夜未眠，一直等到早晨，土匪还是没有出现。洛克的马帮又继续前行，沿途与小股土匪冲突不断，有不少苦力和商队加入了洛克的马帮，昭通士兵向这些人榨取保护费用，东川士兵则坚决反对。两伙士兵为此吵架后相互开枪射击，洛克出面在好斗的军官间调停，才平息了冲突。到昭通前，当地官员派出250名士兵前来护送，所以到昭通时护送的士兵总数达到了325名。疲惫不堪的洛克在昭通休整了一个多星期，在教会吃饭时又染上了痢疾。在旧的一年即将过去，新的一年即将到来之际，洛克在日记中抒发了他愁眉不展的景况。

从宜宾到成都的船运

一场暴风雪加重了当地的饥荒。在滞留昭通期间，洛克看到每天都有几十人饿死、冻死在街头。由于食物紧缺，米价非常贵，当地的老百姓只有靠吃蕨菜根充饥，即使是护送洛克的士兵也有很多因营养不良而患水肿，并向洛克问药。离开昭通后，往北的行程竟出奇顺利，没有再遇到土匪，1925年1月22日，洛克的马帮到达了云南与四川的边界，这时离春节还有四天。由于雪后驿道泥泞路滑，骡马无法继续前行，洛克只好解散马帮。又因为要过春节，脚夫不愿外出，洛克只有高价雇请37名脚夫前往宜宾。1月25日，洛克一行到达宜宾，住在宜宾的浸礼会教堂。宜宾当时有居民150000人，被军阀刘将军的10000名士兵弄得乌烟瘴气。洛克在宜宾百无聊赖地待了许多天，乘船走水路到成都。2月25日，洛克顺利抵达了成都。洛克对成都的印象很好，马可·波罗记载过的桥还历历在目，洛克在日记中写道："这座城市的街道热闹非凡，杨森将军把街道扩宽了40英尺（约12.19米），甚至连人行道也扩宽了。他去年开始着手干这件事的时候，遇到了重重阻力和反对，杨森下令，谁反对扩建就拆谁的房子并把他抓起来，扩宽街道的工程使很多人倾家荡产和自杀。我从来没见过哪个省的都督为此等事情大动干戈，这些扩建的街道确实很可爱，路两边的物业也增值了，这时人们才开始认识到这一点，并不再反对杨将军。"洛克到成都的头八天因感冒而不得不到当地的教会医院治病，并到一所教会大学参观。洛克惊讶地发现，教室里学生们解剖的尸体，竟来源于被枪毙的犯人。

洛克在成都逗留期间还接到了四川省主席杨森的宴请。四川与云南一样因军阀混战而四分五裂，杨森能控制的地盘也仅限于成都周围，成都以北匪患不止，使洛克的行期一再延误。在杨森的帮助下，直到3月16日洛克才与12个纳西卫士一起离开成都到岷州（今甘肃岷县），由杨森亲自挑选的140名士兵护送。洛克后来得知，就在那天有两名英国传教士被绑架。到绵州（今四川绵阳）有五段路程，每到一个镇都有杨森的士兵轮流护送，到绵州的最后一段路护送的士兵竟达到了190名。洛克经川北至甘肃境内的皮口镇，然后经开州、岷州，最后于4月21日到达甘南境内的卓尼。

令洛克没想到的是，由于战乱，他会在中国西北滞留了两年多的时间。每次外出时武装护送的高昂费用和通货膨胀等原因一度使洛克在经济上陷入困境，有时候不得不向卓尼土司借债度日。直到1926年4月29日他才终于筹集到33匹骡马，与纳西卫士一起到拉卜楞寺，在活佛的帮助下弄到了60头牦牛，带上七个月的给养，诸如面粉、盐、烤面包的小苏打、喂牛马的饲料，还带上了几匹丝绸、棉布、缎子、针线，向游牧部落购买的酥油、羊肉等食物，以及达赖和班禅的几百张照片、哈达等礼物来送给喇嘛和部落的头人。洛克此行与那些步行环山朝圣的部落人的形孤影单来比可谓是兴师动众。

5月30日，洛克终于看到了高耸入云、积雪覆盖的阿尼玛卿山。在黄河上游的拐角处，洛克自豪地写道："创世以来，从没有白人站在这个地方。"历尽千辛万苦之后，终于见到了这座神山的尊容，洛克写道："我连数了九座山峰，其中一座巨大的山峰至少有28000英尺（约8.53公里）高，它可能比任何喜马拉雅（山脉的）山峰，包括埃弗勒斯特峰（珠穆朗玛峰）更高。这些大山高高在上，我们在100英里（约160.93公里）之外就好像一群牛虻。"但是，洛克并没有能对阿尼玛卿山进行科学的、准确的测量，他当时没有配备经纬仪，对于一个专业的探险家来说，洛克的水平显得太过"业余"，这一点，在他以后的探险中也被人多次诟病。28000英尺（约8.53公里）的高度只可能出自洛克的想象，他当时测量了自己所处的16000英尺（约4.88公里），然后再加上山峰高出他的12000英尺（约3.66公里），并将这一数字刊载于美国《国家地理》

杂志上。不管怎样，这使很多探险家相信，在青藏高原的一隅还有可能存在一座高于珠穆朗玛峰的山峰。我想，洛克犯了这个错误并不令人感到奇怪，此山能在藏族的神山里排行第四，在视觉上和气势上一定很宏伟。到了第二次世界大战期间，有一位后来牺牲的美国飞行员宣称，他在青海南部偏离航线时看到一座高大的山峰，当他在29000英尺（8839.2米）飞行时，抬头看到积雪覆盖的山顶高耸在飞机之上。1948年，又有一名美国飞行员告诉记者，他与他的飞行机组成员曾测量过，阿

猎鹰的牧民

尼玛卿山有 30000 英尺（9144 米）高。直到二十多年后，此山的真正高度才被确定为 24982 英尺（约 7614.51 米）。

令洛克感到丧气的是，在阿尼玛卿山的植物采集并不成功，没有采集到有价值的动植物标本，洛克一行不得不早早收兵，于 7 月底回到拉卜楞寺，8 月 9 日才回到此次探险的大本营卓尼。萨根特后来写信安慰洛克说："别忘了，发现那里没有植物生长，与发现那里有什么植物生长同样重要，因为这个缘故，我认为你的西藏之行是成功的。"尽管后来证明洛克在地理探险和植物采集上的失误，但洛克在美国《国家地理》杂志上写的《探访神秘的群山》一文却用图文记载了许多草原部落的生活，为我们留下了宝贵的民族志资料，它启发了洛克在民族学研究方面的灵感。特别是他后来为伦敦《地理学报》写的《迭部之地》一文，运用一些史料和考察的材料来进行探讨，认为在阿尼玛卿山之南的迭部部落和南迁到云南的纳西族等少数民族在族源上与古羌人有亲缘关系。

纳西人的祖先走了一条从北到南，从黄河上游到长江上游的迁移之路，历尽千难万险。长江上游的金沙江本身就是一首气势磅礴的史诗，纳西人在渡过了金沙江后，才真正找到了自己的家园。

阿尼玛卿山的探险照理说应该告一段落，但洛克的优柔寡断使回云南的行程一再延期。冯玉祥的军队进入甘肃后，甘肃军阀溃散的士兵到处抢掠，弄得人心惶惶，因为冯信基督教，当地人也开始仇视和攻击传教士，而冯则鼓励士兵攻击他称为帝国主义分子的外国人。到11月底，反外国人的口号出现在卓尼街头，萨根特要求洛克立即离开中国，但洛克由于时局的变化总是一拖再拖，但后来证明所有这些担心都是没有必要的，所有他从卓尼寄回美国的动植物标本都经上海安全地到达了波士顿。到12月份，离家两年的纳西人终于忍耐不住，即使没有报酬也闹着要回家。

在阅读洛克留下的日记和文章时，我的眼前总是浮现出那12位纳西人的音容笑貌。初到卓尼时，他们在一起照了一张合影，背景是参天的古木，他们都骑在马上排列开来，背着步枪，神态各异，活像一群游侠骑士。当时他们还很年轻，有的人还是十多岁的孩子，脸上稚气未脱，离家到阿尼玛卿山的这两年多，无尽的乡愁常常萦系在他们的心头。圣洁的阿尼玛卿雪山是美丽的，还有迭部茂密的森林和险要的山峰。迭部也有一条黑水河和白水河,离美丽的九寨沟也只是一箭之遥,所有熟悉的这一切都使他们想起丽江的山和水。令纳西人更难忘记的是归途的艰险,直到1927年3月10日,他们才和洛克一起从卓尼出发,穿过迭部的崇山峻岭,走过松潘的草地,在漫天的大雪中他们一路艰难地行进,一边还得抵抗土匪的袭扰,在第五天他们打跑了前来抢劫的土匪,打死了其中的两人。从卓尼到松潘一口气不停地走了18天,有时路上雪太厚不得不边挖路边前进。4月14日,他们终于到了成都。洛克在成都看到了几天前《华盛顿邮报》上的一则消息:"哈佛的探险家10天前在西藏失踪。"在杨森的安排下,洛克与两个纳西人同日本领事馆的官员一起乘船到重庆。洛克到重庆生了病,在教会医院住了几天院,随后乘船抵达上海。

而其余的十个纳西人则长途跋涉回昆明。到昆明后,有四个人病倒了。令几个纳西人没有想到的是,洛克竟然又回到了昆明,并且在教会医院找到他们。原来洛克对他们的安危放心不下,从上海经香港、越南又转回到了云南。洛克一直等到这几个人的病痊愈后才带上两个纳西助手一同前往美国。洛克在很多时候都是一个清高和傲慢的人,与这几个纳西人到阿尼玛卿山出生入死的经历,使他对纳西人有了新的认识,并产生了

植被在江岸边也极为丰富。

安在藏语里实发"阿"音,取阿庆岗嘉雪山(a-cheh-gangs-rgyab)和多拉山(mdo-la)的第一个字,形成了"安多"。处于中心藏族聚居区边缘地带的安多,与东边的汉文化和北方

安多藏民

的阿尔泰文化联系密切。安多地域是汉文史籍中诸羌文化的中心,历史上也是多民族聚居的地方,吐蕃、匈奴、吐谷浑、蒙古、土、回、撒拉等族的先民们,在历史的变迁中相互融合与交流,逐步形成了今天独特的安多文化。

青海湖畔的藏族新娘

文成公主进藏，必经之路也是安多，青稞的栽种，茶叶的引入，佛法的西进，藏族人民千百年间世代传颂的格萨尔王的故乡。对藏族聚居区的三个概括是"法域卫藏、马域安多、人域康巴"，安多特色在于马，即河曲马，与伊犁马、蒙古马并称为"中国三大名马"。

安多藏族的着装特别富丽，冬季用的藏袍面料以丝绢为主，而卫藏等地则以相对素朴的氆氇为面料。帽子也多饰裘皮，衣帽布料上多以绿、金、黄、红等色为主的图案装饰。安多藏族普遍高大，体形丰满。藏语的"人"字亦作"娃"。

安多藏族聚居区有藏传佛教格鲁派六大主寺中的拉卜楞寺和塔尔寺，号称人间仙境的郎木寺小镇，绚丽的若尔盖湿地和甘加、桑科草原、色达草原，壮美的青海湖和九曲黄河，以及璀璨的热贡唐卡堆绣艺术。且有的说法，清代拉卜楞寺学者智贡巴所著《安多政教史》按河流来分别记述安多各地的佛教史，洛克数次经过夏河，几次都遇上马家军来扫荡这个地区，只是匆忙拍了一些寺庙的照片。

1925年8月20日，洛克抵达兰州，先后在青海湖、张掖

黄河大湾处的植被情况

一带考察。于11月29日抵达拉卜楞寺。12月初，又从拉卜楞寺回到了卓尼。1926年2月，洛克在卓尼大寺观看酥油花展览和叶尔巴的法舞表演。1926年4月29日，从卓尼出发前往拉卜楞，开始去阿尼玛卿山一带考察。8月初，从阿尼玛卿山返回卓尼。

1924年到1926年两年间，洛克在中国西北拍摄了一千多张照片。后来《阿尼玛卿山脉及其周边地区》一书更是用汉文古籍和亲身经历描述了这个地区。这本书和照片，把有史以来记载的甘、青高原地区和黄河上游活生生地、清晰地展现在我们面前。

1926年的拉卜楞寺全景

2011年的拉卜楞寺

上帝的伊甸园

"1925年春天,站在四川边境,我面临着两条路:直接去青海,或转道去甘南"。往左还是往右,这决定了是去九曲黄河还是去山中的卓尼小城。要去阿尼玛卿山,到黄河九曲跨过黄河,再到年保玉则便是山的西面,这一段没有多少人烟。二是转道甘南,经夏河到果洛的中心地带从东坡到阿尼玛卿山。洛克作出这一决定的一瞬间,卓尼迭部就成为世界瞩目的焦点。

后来在《国家地理》杂志发表的文章中，洛克感慨道："这里的峡谷由千百条重重叠叠的山谷组成。这些横向的山谷，像旺藏寺沟、麻牙沟、阿夏沟、多儿沟以及几条需要几天路程的山谷，孕育着无人知晓的广袤森林，就像伊甸园一样，我平生未见过如此绮丽的景色。如果《创世记》的作者看见迭部的美景，就会把亚当和夏娃的诞生地放在这里。"

直到现在，对卓尼迭部的地理说明是只提小，不说大，使得外面人只知道一些不知名的小沟小山。卓尼位于甘肃南部的秦岭山脉西部，有洮河和白龙江两水环绕，岷山居其中间，形成两水拥一山的地形，洮河以南是四季常青之森林，绵延逶迤；洮河以北是草原和农田，五谷丰登，六畜兴旺。

1935年，中国工农红军沿着洛克来卓尼的小道，过了长征中最后的一道险关腊子口，胜利到达后来的陕甘宁根据地。毛泽东感慨万分地写下了《七律·长征》一诗。"更喜岷山千里雪，三军过后尽开颜"，诗中便是以岷山雪作为胜利的结局。

甘肃 1926 年

卓尼最高点为南部扎伊克嘎峰，海拔 4920 米，最低为东北部藏巴哇地区，海拔 2000 米。卓尼南部为东西走向的迭山山脉。翻越迭山主峰扎伊克嘎就到了黄河流域与长江流域的分水岭。洛克详细地记录了这里的风土人情，并亲手绘制详细的上迭部诸峡谷地图。这一东一西两条路线连接了洮河（碌曲）流域和白龙江（舟曲）流域，洛克曾留下这样的感慨："如果不把这绝佳的地方拍摄下来，我会感到是一种罪恶。"

岷山

当时的卓尼由土司统治,土司名为第十九代嘉波杨积庆(藏名罗桑丹增南杰道吉)。杨土司是个开放的人,当中国大城市还没有电时,他就在卓尼架设了首部电话、组装了首台500瓦发电机,还创办了卓尼小学;同时在禅定寺创办了"卓尼喇嘛教义国文讲习所"。政教合一的制度令杨土司成为那时甘青地区各土司中势力最强者,辖区包括今甘肃卓尼、迭部全境以及舟曲和临潭部分地区,面积达35000平方公里,辖领16掌尕,

48旗，520族，15000余户，近10万人。

洛克到达卓尼时旧计又重演：一见面就送了杨土司柯尔特手枪等礼品。杨土司也回之以礼，免费让他住在禅定寺的一个四合院中。院中栽满了芍药、丁香以及其他花草，在此他前后住了两年多。后来在经费紧张时，杨土司还慷慨解囊，资助洛克渡过难关。

卓尼又是一个土司历史悠久、政教合一制度完善的地区。自公元1418年（明永乐十六年）到1949年，历经531年20代，是甘肃藏族土司中沿袭时间最长，直辖地域最广的。第十一代土司杨汝松在禅定寺创办了藏经刻印院，并编纂出版了卓尼版《大藏经》。卓尼还是历史上部分藏王的故里。藏王即西藏摄政王之简称。在卓尼先后有二位活佛出任西藏摄政王。三世策墨林·阿旺洛桑丹白坚参（1858—1919），1904年摄政，先后两次摄政达八年。四世策墨林·阿旺凯珠嘉措（1921—1948），因屡遭嫉恨，英年早逝。

洛克离开迭部8年之后，中国工农红军长征来到天险腊子口脚下。杨积庆土司深明大义，拒不执行国民党阻击红军的指令，开仓放粮，在洛克待过的旺藏寺经堂接待了红军。同时暗自帮助红军顺利攻占了天险腊子口，为长征的最后胜利立下了不可磨灭的功勋。1994年10月，甘肃省人民政府追认杨积庆为革命烈士。

卓尼虽然大的分类为安多藏族，语言上与安多藏语有密切联系，但卓尼藏族生活在黄河的支流洮河流域，半农半牧的生活方式与其他以游牧为主的藏族差异很大。汉族方言称这些聚居的安多人为"三格毛儿"。远古时代就有先民们生息、繁衍在洮河流域，秦汉时期，羌戎部落定居于洮河流域。到唐代时，随着吐蕃逐渐东扩，卓尼成了吐蕃军队的根据地，羌族部落成为其属部。到元末明初，又有来自江淮一带的屯兵，经过的历史过程，各民族融合形成了卓尼独特的藏民族成为整个藏族聚居区独一无二农牧结合的藏民族群体。三格毛儿的卓尼藏族是一个亦牧亦农、能歌善舞的群体。"觉乃"是这里的藏族妇女服饰，同安多草原上的藏族服饰差异很大，还保留着吐蕃时代的农区藏族服饰的特点，是全藏族聚居区保留完整的古代服饰及礼仪的样本。

卓尼的动植物争妍斗奇，即便不是植物学家，也能感受到

身穿藏装的洛克

植物王国的浓郁氛围。1938年,史学家顾颉刚途经卓尼。在他的《西北考察日记》里,这位历史学家的最深刻的印象是动植物。他在日记中写道:"卓尼风景俱佳,洮水清而松林黝,水边万柳毵毵,深密之甚。禅定寺独居一城,临于卓尼城之上,围城皆松与杨。"他还情不自禁地写了诗:"榴红照眼忆乡关,已染胡尘不欲还。五月寻芳飞乱蝶,马兰紫遍卓尼山。"

"迭部"在藏语里就是"大拇指"的意思,迭部地名的传说也解释了名称的由来:很久以前,这里四周全是高耸入云的石山,阻断了内外交通。古代有个山神途经这里被挡住去路,他伸出拇指一摁,石山顿开缺口有了通道。洛克写道:"靠山边栖息着一座寺院叫拉桑寺,在它下面是迭部人的村庄,房子挨着房子,还有小麦和青稞的梯田。在所有这些的后面,就是巨大的石灰岩山,郁郁葱葱的云杉和冷杉满峡谷和坡地。"当地一种外墙利用卵石、块石和土坯砌筑的形如碉堡的房屋,这种房屋叫作碉房。碉房在云南、四川边界也很常见。

洛克以卓尼城柳林为基地,向东经过博峪沟抵达大峪沟,沿大峪河溯源而上,到迭山主峰翻越到下迭部诸峡谷;一路从柳林向西经拉力沟、卡车沟再向西穿越车巴沟达光盖山到上迭部诸峡谷。这一东一西两条路线,连接了黄河和长江两大水系和卓尼、迭部的大部分地区,南北穿越的必经之路喀拉克垭口海拔4200米。扎尕那藏乡雄居迭山山脉之间,平均海拔4000米。

1925年4月,洛克进入甘肃,经文县、武都、岷县,于4

月23日抵达卓尼。两年多期间，前后在卓尼迭部进行了4次考察。洛克从这里给萨根特教授写信："迄今为止，迭部是整个西北地区植物资源最好的地方，针叶林资源独一无二，有大量稀有桧属植物的种子。云南虽多高山植物，针叶林却不丰富。在这里常常有7种不同类型的针叶树树丛，从远处就可辨认出来，这种情形前所未见。"洛克还发现迭部存在着大量的云杉和冷杉，全中国云杉种类也只有17种，在迭部他就发现了至少10种。

1927年3月10日，洛克离开卓尼柳林镇，经松潘、茂州、成都，于5月初抵达上海。

1928年11月份，洛克写的文章在美国《国家地理》杂志发表，这篇文章用46个页码、49幅图片描述了卓尼迭部民俗风情和优美风光，卓尼、迭部从此而名扬世界。

大藏之宝

在百匹骡子、百匹马牵引的车上，
载满了各种各样的宝贝，

还不如围绕佛塔走一步的价值。

……

——摘自《丹珠尔》大藏经

《大藏经》的这一段描述,印证了1926在卓尼发生的一件大事。

藏传的《大藏经》分《甘珠尔》和《丹珠尔》两部。刻制于第十四代卓尼嘉波杨声（藏文名丹松次仁,1743—1844）时期,《甘珠尔》是藏译佛经,《丹珠尔》是佛教弟子和学者们的佛学论著。杨土司花费了大量人力财力物力刻制卓尼版《大藏经》,刻版印刷人员就多达四百余人。多达数百亿万字的经文,用刻刀一刀一刀地雕刻在木板上,不能有一点儿错误。相比于拉萨版、北京版和那塘版的《大藏经》,卓尼版《大藏经》在内容方面更加完善准确。

禅定寺内收藏着许多精美的佛像和数不清的经卷,其中就有卓尼版的《大藏经》。约瑟夫·洛克写道:"卓尼版《大藏经》,雕刻精确,文字秀丽,历历在目,内容准确无误,独具风格,在藏文《大藏经》诸版本中可称善本之一……"洛克敏锐地认识到这套书的价值，经过商谈，他把寺中收藏的《甘珠尔》《丹珠尔》（藏文版《大藏经》）全部买下，卖给了美国国会图书馆。经书打包成92个箱子，用了97匹骡子运至兰州，然后通过邮局邮寄到西安、上海。到上海后海运转运到美国。经书在1928年抵达华盛顿，这是目前最完整的卓尼版的《大藏经》，现在美国国会图书馆亚洲分馆收藏。

就在洛克离开的第二年，也是全部卓尼版的《大藏经》

待运的卓尼版《大藏经》

遥远的阿尼玛卿山

运抵美国的时候，甘肃发生了大动乱。马家军攻陷了卓尼地区，禅定寺被烧毁了两次，卓尼版《大藏经》刻板被毁。洛克的这次买卖，也许无意中保全了这部稀世的经典，成为海内外的孤本。

宗教带动了艺术的许多创意。在黄河边，洛克看到一个喇嘛带着一个大约两英尺（约0.61米）长的木板。让木板在水

画像印版

中漂流，漂流一会儿后再将木板拉回来。这种古怪的行为让洛克很好奇。他上前查看，发现木板背面绑着许多铜模子，模子上雕刻有佛教人物形象。

看了半天终于明白了这是一种流动在水上的"印刷"术，通过这种方式来印制各种图案。洛克的照片记录了这一奇怪的宗教仪式，在今天，即使你深入到藏族聚居区的偏僻地区，要想拍摄到这样难得的场景很不容易。

高山上的来客

1925年，洛克有一段时间住在甘肃的卓尼大寺（禅定寺），寺庙中的僧人有栽花养树的雅好，花园中的花，有不少是部落民众从山中采集后送给卓尼土司的野花，春暖花开之际，洛克竟意外地在花园中偶遇一种他从未见过的牡丹品种，这棵牡丹花白如雪，花香沁人，白色的花瓣中点缀着艳丽的紫色斑点。植物学家当然不会轻易放过这"送上门来的大礼"，1926年，此花的标本和种子经洛克采集后，越过战乱等重重险阻被送往美国哈佛大学阿若德树木园，树木园把这一新发现的牡丹品种以洛克的名字进行命名——洛克牡丹（Paeonia rockii），以彰显他在植物标本采集和植物学研究领域的卓越贡献。与此同时，阿若德树木园成功地播种繁殖了洛克牡丹，使其渐渐为世界园艺界所认知。（Stern F C. Tatlor G. 1951）

自古以来，牡丹花就出现在卓尼藏族的歌谣里："三月里……牡丹叶叶儿实在好看，叶叶儿盘的绿杆杆……牡丹开放似血红，人爱牡丹花爱人。"

洛克牡丹

洛克牡丹是卓尼特有的一个品种，也叫紫斑牡丹。紫斑牡丹一般在海拔 1100～2800 米的山坡林下灌丛自然生长，茎高可达 2 米。紫斑牡丹是一个自然环境中生长的西北品种群，这个品种群的特点是花有浓香，抗寒、耐旱，当地藏族把这种花视为吉祥物，从山中采挖回来后敬献给嘉波（土司），从此卓尼有了人工栽培紫斑牡丹的历史。

牡丹亚属 9 个种中，受到关注的中国观赏牡丹中有三种：扬山牡丹（P.asti）、滇牡丹（P.delavayi）和紫斑牡丹（P.rockii）是牡丹中的花中之王。（刘政安　2023）

牡丹花端丽妩媚，雍容华贵，成为"国花"，历代文人为其咏诗无数。紫斑牡丹在洛克发现引种之前，洛阳以牡丹闻名天下，但生长在高寒地区的牡丹品种却鲜为人知。许多证据表明，在古代的西北地区牡丹有着广泛的人工栽培史。1972 年在武威汉墓中发现了牡丹治疗血瘀病的记载；2001 年临洮出土了一对唐初的牡丹纹饰陶罐。五代时，《宫词》中有"牡丹移向园中栽，尽是蕃方进入来"的诗句。宋胡元质《牡丹记》有前蜀重臣徐延琼从天水一带移植牡丹至成都的记述。清代，"关中四杰"之一的临洮吴镇留下了很多描写这里牡丹的诗句：

"牡丹真富贵，狄道颇称雄。""携的金城酒，敲门问牡丹。"甘肃中部及其相邻地区栽培的紫斑牡丹品种群，已有品种三百余个，是中国除洛阳牡丹之外的牡丹第二大品种群。紫斑牡丹原种在整个秦岭山脉，分布地区为四川北部、甘肃南部、陕西南部太白山区，甚至在河南境内伏牛山也有分布，亦见于大巴山。1996年，中国园艺协会牡丹芍药分会第四届年会在甘肃省兰州市召开，国内牡丹专家首次肯定了紫斑牡丹的观赏价值，在华北地区和中原地区开始大规模推广栽植。2003年以后，在东北地区开始推广紫斑牡丹栽植。近年来，紫斑牡丹在内蒙古、新疆、青海、西藏等北方寒冷干旱地区也开始广泛栽植。

紫斑牡丹为世界所认识，早期的记录是1913年，英国人阿尔法勒在甘肃武都发现和记录了野生紫斑牡丹。在以洛克的名字命名后，美丽的紫斑牡丹开始在世界各地植物园和园艺爱好者中深受青睐。洛克牡丹在海外的传播时间虽不长，但有些路径已模糊不清了。其种子大多来源于阿若德树木园，后传播到英伦半岛。英国邱园（Kew Gardens）收集和种植的多是来自中国西南和西北的野生牡丹原种种子，英国海当花园（Highdown Gardens）Frederick Stern 爵士 1936 年从加拿大获得一株紫斑牡丹，1938年定植在海当花园，到1959年时，高度达 2.4 米，冠幅 3.7 米的大树（Stern，1959）。这棵紫斑牡丹大概率是洛克从卓尼禅定寺拿走的紫斑牡丹的后代，这棵牡丹也是紫斑牡丹在欧洲传播的种源。

2011 年，值中奥建交四十周年之际，为纪念洛克这位著名的植物学家，在中国驻奥地利大使馆和奥地利有关部门的努力下，在洛克的家乡维也纳，市政府在文化遗产密集的维也纳一区，也即内城唯一一段保留最完整的古城墙下，利用在 Schreyvogelgasse 街口一片 200 平方米的绿地，建立了"洛克公园"（后改名洛克花园），种植了数株洛克牡丹，树立纪念牌匾，以见证中奥友谊之花盛开，这里离贝多芬故居近在咫尺，也是洛克幼时生活和上学的地方，能获此殊荣，作为植物学家，仅洛克一人。与美景宫仅一墙之隔的维也纳大学植物园，在 2001 年也引种洛克牡丹入园，作为牡丹芍药园艺景观的一部分，也向公众介绍洛克牡丹的传奇故事。

在今天世界各国的植物园和普通大众的花园里，绽放着来自中国的植物和花卉，性格孤傲高冷的洛克大概没想到，他发现的不畏严寒的高原奇葩，如今正成为世界园艺爱好者们之间的热点。在今年维也纳大学植物园春天花卉集市上，在各种售

维也纳洛克花园纪念牌

卖的奇花异草中,就有洛克牡丹。王国维在《人间词话》中说:古今之成大事业、大学问者,必经过三种之境界:"昨夜西风凋碧树,独上高楼,望尽天涯路。"此第一境也。"衣带渐宽终不悔,为伊消得人憔悴。"此第二境也。"众里寻他千百度,蓦然回首,那人却在,灯火阑珊处。"此第三境也。辛弃疾的词,也许正好印证了一位植物学者和紫斑牡丹的传奇故事。

洛克没有想到，得来全不费功夫的一次采集，成了他在中国采集生涯的最辉煌成果。不畏寒冷绽放在全世界的洛克牡丹，是中国人民献给全世界最美的园艺植物，也感谢洛克，把这个美丽的礼物带到了全世界。

雪嵩书斋

洛克在20世纪20年代的一系列探险结束后，便准备潜下心来系统地研究纳西东巴经书。1929年9月，洛克从泸沽湖回到丽江后，便一直静静地待在大雪山脚下的雪嵩村，在东巴的帮助下研究纳西文化。为了观察宗教仪式的全过程，他跑遍了丽江城，去看东巴宰鸡杀猪，驱鬼除病。看到他着迷的样子，只要哪里有东巴的风吹草动，洛克的纳西助手都会马上向他通风报信。在丽江的日子里，洛克共收集到16种不同的葬仪和一百多种宗教仪式。如果洛克错过了部分仪式或者对某种仪式的内容和含义不太清楚，他会出钱让东巴重复一次或到光线好的地方拍照。到年底时他在翻译东巴经书和研究东巴教仪式方面取得了很大进展，对前来求医问药的人他也总是热情接待。

洛克的丽江岁月平静得像黑龙潭里的一汪泉水，但偶尔也会有落石泛起涟漪。空闲时候他会到丽江城里去走一走，他就是这样的人，喜欢独处又不甘寂寞。有一天，他在城里的街头闲逛时忽然听说有两个女孩子在湖里自杀，便跑去看热闹。飘浮在湖面上的少女使洛克情不自禁地想起莎士比亚名著《哈姆雷特》里的奥菲莉亚。洛克十分同情这两个女孩儿的遭遇，而当地人则很迷信，不愿去打捞，于是洛克让手下用竹竿把两个女孩子捞上来。洛克上去一搭脉就知道已经没得救了，于是默然离去。第二天女孩儿家人找上门来，洛克还以为他们要表示感激，哪知道人家一口咬定洛克偷了女孩手上的镯子，洛克气得浑身发抖，把来人赶出家门。洛克对丽江街头上一些反帝口号也十分敏感，而在中国的传教士则对此习以为常。洛克开始终日郁郁寡欢，于是萌生离意，他想离开中国，回美国去待上一段日子。

1930年1月12日夜，洛克与几个纳西人和东巴喝得酩酊大醉，别离生悲，醉不成欢。次日是洛克的生日，洛克在这一天骑马西行，离开丽江。他在这一天的日记中动情地写道："我一定还会回到丽江，再也不离开她，我的遗骨焚化后将随风飘荡在这里的山水之间。"

心在高原

1930年春，洛克回到了美国，1929年席卷资本主义世界的经济危机所造成的大萧条使谋生变得更加艰难。洛克是一个自由职业者，此次回到美国，最大的目的就是想得到美国《国家地理》杂志的赞助，以便完成纳西东巴经书的翻译。但是这种时候该杂志想得更多的是商业效益，对洛克的学术研究并不感兴趣，这让洛克多少感受到了一点儿"过河拆桥"的味道。他的学究气与美国《国家地理》杂志的大众化始终格格不入，该杂志的一些编辑认为，他的文章"缺乏想象力，不能给人一个完整的印象，而且随心所欲，毫无章法，废话连篇，不知所云"。总之就是不会迎合读者的口味，而且经常得重新改写，绘制的地图也粗枝大叶。他二十多岁才在美国开始学英语，又没有受过任何正规的高等教育，以他惊人的天赋能达到这一水平已是奇迹。况且早年的植物学研究并不要求他的文采。总之，用非母语写作的缺陷是难以消除的。他在《国家地理》杂志上的文章虽然经过编辑的润色，但在结构上却给人一种虎头蛇尾的印象。

倒是该杂志社的助理编辑格雷夫斯说了一句公道话："洛克是世界上最好的摄影师之一；是一位成果丰硕的探险家和地理学者，但同时也是一位脾气最坏的人。"1928年，洛克在木里的贡噶岭为该杂志拍摄的彩色照片就有243张，黑白照片有503张，此外还采集了700件鸟类标本。1929年的贡嘎山之行他为美国农业部采集了317种植物，单是杜鹃花一项就有163种，共计30000件植物标本，鸟类标本1703件，为《国家地理》杂志摄制了900张彩色照片，1800张黑白照片。大部分的照片都是在条件艰苦的野外冲洗出来的，特别是5×7寸的彩色玻璃板的运作很艰难，一是在道路崎岖的山路运输中容易破损，二是制作过程十分麻烦：先在感光玻璃板上涂上一层染有橙色、绿色和紫色的土豆淀粉晶粒，图像经过涂色层后与感光乳剂接触。这使曝光时间很长，在很强的日光下拍一张照片曝光时间要一秒钟，相机需要笨重的三角架来固定。玻璃板的彩色片冲洗对温度控制的要求很高。在今天很难想象洛克当年是如何与他的纳西助手克服种种困难来做到这一切的："在森林里把黑色的显影帐篷系在树枝上，用棉花把溪水过滤后装进容器，点燃牲畜的干粪便加热，需把定影液加热到65℃，助手还得在一旁赶走感光乳剂上的苍蝇。"1928年8月，洛克在给《国家地理》杂志编辑的信中抱怨："在这个季节要晾干这些底片麻烦透了,在潮湿的空气中胶片很快会长出霉点,底片上常常布满了绿色的霉斑。"

据健在的丽江纳西老人回忆,有一年洛克回美国后,用中文给白沙三束的和志辉写信。和志辉文化程度有限,请邻居给他念信,信中有一句话让和志辉摸不着头脑:"我是白沙人!我要死,来丽江。"旁人给他解释,洛克博士是想来丽江了,就是死也要死在丽江,和志辉这才恍然大悟。但是他的纳西友人可能永远也想不到他在美国谋生所遭受的冷遇和艰难,内心长时间处在一种压抑状态。

玉龙山宿营

在《国家地理》杂志碰了一鼻子灰后，洛克又到农业部去碰运气，但还是没有什么收获，无奈之下他又到了国会图书馆。国会图书馆购买了一部分东巴经书，随后他又厚着老脸到哈佛植物园找机会，但心胸狭隘的威尔森还是给他吃了闭门羹。好在哈佛比较动物学博物馆给了很少的一笔钱，让他在云南收集鸟类标本。这年5月，洛克还到得克萨斯去接受贝勒大学所授予的也是他渴望已久的荣誉博士学位。6月，他回到了闷热潮湿的华盛顿，一面耐着性子研究东巴经，一面为农业部辨识植物标本。这时候他经常想起丽江的雪山和草地，想到了云南高原凉爽的风。在完成了《国家地理》杂志的约稿后，他终于下定决心，卖掉了所有他在中国收集的珍藏和古董，带上他全部的积蓄，准备回到中国，在云南研究纳西文化来消磨他的后半生。6月末，洛克离开了美国本土，在夏威夷作了短暂停留。7月4日，当地的报刊登了一条消息，说洛克将在四年后到本地的一家植物园任园长。对于计划没有变化快的洛克来说，这件事最后是不了了之，他的个性和生活方式使他不能再忍受任何固定工作的束缚。

云南看云

著名作家沈从文曾在一篇散文中写道：云南的云给人的印象大不相同，它的特点是素朴，影响到人的性情也应当挚厚而单纯。他又说云南的云似乎是用西藏高山的冰雪、南海长年的热浪这两种原料，经过一种神奇的手续完成的，色调出奇的单纯，唯其单纯反而见出其伟大，尤以天时晴明的黄昏前后，光景异常动人。

洛克在昆明的书斋

遥远的阿尼玛卿山

1930年秋，洛克又回到了彩云飘逸的云南，他在昆明城旁的盘龙江边租了一院房子，房子背后是一个枪毙犯人的刑场，不知道洛克当年每天听到的是处决犯人的枪声，还是大刀的砍头声。在今天日新月异的昆明，大概很难寻觅到洛克当年在昆明生活的踪迹了，这个城市的历史积淀已在现代化的进程中渐渐被勾销。说起洛克，人们往往会有一个错误的印象，认为洛克在云南大部分时间待在丽江。20世纪20年代，洛克的采集植物和地理探险生涯结束后，他生活的重心便从丽江的大本营移到了昆明，为了生活起居有人照料，他专门请了10个纳西人来省城里陪他。无论是过去还是现在，昆明都是一个安逸的城市，从1930年10月到1931年2月有5个月时间洛克一直待在昆明。令人不可思议的是，在这段时间他中断了对纳西文化的研究。不知是因为在美国的怀才不遇而感到气恼，还是因为没有资金上的赞助而没有灵感，他终日无所事事，情绪低落。每天早上他都要睡一个大懒觉，醒来后就躺在床上看狄更斯的小说，吃完中午饭后再到昆明城里闲逛，或找住在昆明的一些外国人喝茶。中国的政局和军阀的混战是他们的热门话题。晚上洛克则三心二意地为美国国家地理协会画地图。他经常想要去丽江，但又举棋不定，一会儿想回夏威夷，一会儿想去欧洲。整天神经兮兮，对街头上的反帝口号十分敏感。当时在云南府的外国人分为两个圈子，传教士和商人，两个圈子的人互不来往，传教士指责商界人士抽烟、喝酒、打桥牌，商界人士则讽刺传教士不抽烟喝酒，但教导中国人说，中国人与白种人都是同样优秀的，显得十分可笑和不可理喻。洛克对传教士没有什么好感，但内心的寂寞和孤独使他常常混迹于两个社交圈子里，但他却刻意疏远在昆的美国领事哈里·史蒂文斯。史蒂文斯对洛克也没有什么好感，认为他不是一个正儿八经的美国人，总是讲外国话，唱外国歌剧。

无论如何，昆明对于外国人来说是安全和舒适的，这里宜人的气候是独一无二的，但洛克还是觉得昆明乏善可陈。古老的城市里肮脏的街道，满街的鸦片烟鬼和如影随形的妓女，在离昆明周围三天路程之内都是土匪最猖獗的地方。每次龙云的军队远征广西，昆明就显得岌岌可危。洛克每天都狼吞虎咽地看报纸，对报上所有的消息和传闻都囫囵吞枣地信以为真，闲极无聊、杞人忧天、加上病痛不断的生活，使洛克情绪低落，有段时间几乎濒临精神崩溃。在昆明唯一的好处是可以结交地方上的权贵，而结交龙云这样权倾一时的大人物正是洛克博士的拿手好戏。有一段时间，他想去彝族地区考察，因为龙云本人是彝族，所以还特意给他开了介绍信和特别通行证。虽然最后没有成行,但龙云本人还三番五次在"衙门"里款待了洛克,使洛克受宠若惊。

12月8日,美国领事史蒂文斯带了一个青年见洛克,此人就是埃德加·斯诺。斯诺对洛克是早已久仰大名,洛克一直想到丽江,史蒂文斯想到他们有一段路可以同行,于是撮合这二人同行。在得知《国家地理》杂志会给洛克每篇文章1500美元,并提供一份合同,保证一部20万字的手稿不低于7000美元酬金时,初出茅庐的斯诺简直是羡慕不已,并写在当天的日记里。他当然不可能知道洛克几个月前还在美国碰了一鼻子灰的遭遇。而在洛克眼里,斯诺是一个"粗俗幼稚的美国青年,名字有点儿怪怪的,身上带有大多数没有见识的美国乡巴佬儿所特有的秉性"。斯诺向洛克讲了准备经大理到缅甸的计划后,洛克听了哈哈大笑,嘲笑斯诺还没走到大理就会被土匪干掉。尽管如此,洛克觉得如果在昆明继续混下去,他不可能静下心来研究纳西文化,于是开始准备马帮到滇西。但好事多磨,直到1931年1月31日洛克和斯诺的马帮才得以成行。向往已久的马帮之行即将开始,昆明的一切对斯诺来说也变得心旷神怡,斯诺后来在《在中国南方的云南府》一文中写道,昆明虽然苛政肆虐,洋人的生活却比本地人要安全得多。他深情地描绘了从昆明出发那天的情景:"在那修筑着钝锯齿形掩体的、因为年久失修反而显得十分美丽的古城墙外面,是一片开阔的原野,骑上一匹健壮的滇马,沿着千年古道,穿过无尽的静谧的稻田,沿着长长的翠绿的田垄走去,田垄两边的水面,像镜子一样反映着明媚的,但永远不觉得炎热的阳光。不很远的地方,地平线上矗立着一片青山,山的下面是一个狭长形的、清洁而浩渺的大湖,湖水像少女的眼睛一样晶莹。尽管她有种种苦难,但总有的时刻,你会觉得,啊,中国多么可爱。正巧,你看见一位皮肤黝黑、心情舒畅的老妇人,牵着一头倔强的老水牛走过,就向她淘气地挤挤眼睛,并且告诉她:在昆明的日子还是过得满舒心的。"

年老多病、生性呆板的洛克却没有这样的好心情,在洛克的身后,有着精彩的过去,昆明阳光明媚、舒适惬意的生活似乎变得愁云惨淡。而在斯诺的面前,有着灿烂的未来,所以用积极向上的眼光来观察事物,在阴暗中也能看到一缕亮色。斯诺对中国的贫苦百姓抱有深切的同情心,洛克则爱憎分明,个性上的差异使二人在路上最终不欢而散。

2月1日一早他们离开老鸭关,经禄丰、香水关、广通、楚雄到大理，洛克一路上都在生病，到后来连马都骑不了，只好让苦力用轿子抬着他走。在楚雄附近六和街一个山村破庙里投宿时，斯诺看到了墙壁上的一行字："我还会来这里吗？不，再也不会。约瑟夫·洛克于1930年1月28日"。斯诺看了以后把"不，再也不会"几个字划去，幽默地写上："会的，又来了。1931年2月7日"。到大理的前一天，两人因为一件小事而发生争执，2月13日到大理后，斯诺应邀住到了传教士库恩的家里，洛克则在盐务局的大院里露营。后来斯诺到洛克的帐篷结账，他对洛克索要的数目十分不满，在结清账后，斯诺对洛克说了声："好吧，你走之前，可能还有机会见面；要不，现在我就祝你好运，再见！"然后转身就走。洛克则在后面大叫："谢谢你了，谢谢你给我当了三个礼拜的秘书！"洛克因为自己支付了护送的费用而斯诺连句道谢的话也没有而气恼，故出此言。分道扬镳之后，斯诺向西到缅甸，而洛克则北上丽江。

东巴文化的迷宫

1931年3月，回到丽江雪嵩村的洛克开始恢复荒芜已久的纳西图画文字的研究，并专门雇了一个东巴为他翻译东巴经书和讲解宗教仪式。他在丽江的书斋生活又恢复了往日的宁静，没有什么东西能再打乱他的心绪，虽然他在月初收到哈佛植物园新园长奥克斯·阿莫斯的来信，请他在空闲时间在澜沧江河谷采集兰花，但洛克正专心致志于纳西文化研究，对一年1000美元酬金不屑一顾，一开价就要2000美元。一个月后他又想到这送上门来的生意不做白不做，虽然少了点儿，但至少可以让自己和纳西助手挣一笔钱，于是让三个纳西助手到云南西南部去为哈佛植物园采集兰花。

东巴经书

游山玩水的生活方式是洛克生命中不可缺少的一个重要组成部分，在研究工作的闲暇之余，他会出野外去待上几天。

1931年3月底，为了避开前来丽江的苏格兰植物学家乔治·弗瑞斯特，洛克特意到丽江以北的白地一带游玩了10天。白地一带的纳西部落比丽江的更为古朴。在白地哈巴雪山下青翠的河谷中，远远望去，有一白色飞瀑脱颖而出，近看才知道不是瀑布，而是数千亩白色的琼台玉池，被当地人称为"仙人遗田"，又名白水台。除白水台外，那里的阿明灵洞也是纳西东巴教的圣地。据传，东巴教始祖丁巴什罗曾在此地创立了东巴教，明代纳西族土司木高曾在此留下一首有名的摩崖诗。

洛克在到白水台后兴奋不已，他写道："这些水池台地似经过人精心雕凿而成，就像是待耕的水稻梯田，除了水是碧蓝色的，所有奶黄色的岩池都是由数百万层石灰岩石累积而成，人在上面行走时空空作响，但是不会碎裂。"为此洛克向格雷夫斯吹嘘发现了第二个"黄石公园"。4月份，心旷神怡地从白水台回来后，他还请传教士安德鲁斯夫妇到大雪山下的云杉坪野营数日。

整个夏天和秋天洛克都在丽江静悄悄地度过，特意雇请的东巴对他的工作帮助很大。他在研究上进展顺利，除了卧病在床，他对在丽江悠闲逍遥的生活乐不可支。他在给格雷夫斯的信中描述"世外桃源"的生活:"我们不知道什么叫作压抑,这里的人们靠种地生活,庄稼长得很好,谋生很容易。这里不缺什么,没有乞丐,我从来没见过纳西乞丐,人们所需购买的东西甚少,很少有现金交易,无论银价高低,农产品和自织的麻布价格却不变。这里没有工厂,没有汽车,没有人像在工业社会那样为生活而奔波劳碌,这里没有经济萧条,也没有中国东部沿海及上海的动荡和战乱,我们就像生活在月球上,吃自己种的菜,吃自己畜养的禽肉,这里的人不知道中原地区的洪水。他们不看报纸,一是没有,二是不会读,即便能读也根本对混乱不堪的外面世界不感兴趣。"

12月,他到泸沽湖收集摩梭人民族学方面的资料,受到老总管的热情接待。但是在泸沽湖他病情加重,1932年2月末他回到了丽江,到4月愚人节那天又被传教士的狗在腿上咬了一口。就在这个月他又接到加州大学伯克利分校植物园长托马斯·顾德斯比特的来信,请洛克到木里、澜沧江河谷和萨尔温江一带采集植物标本。弱不禁风的洛克无力前往,于是让手下的12个纳西人分头去完成这项任务。之后洛克也再次离开丽江,他在纳西助手的簇拥下再次沿着漫漫驿路回到昆明一家法国医院接受治疗。

1932年6月,身体初愈的洛克开始准备编撰一本纳西象形字字典。整个夏天研究工作进展顺利,这时洛克渐渐意识到年老体弱的他已不再适合在内陆地区探险和旅行。除了生病住院,洛克在昆明的生活变得很有规律和舒适,在昆明生活的外国人中,他经常与沃特森医生、标准石油公司的佩吉斯等人来往,也与几个纳西人相处得像一家人那样。在1932年7月27日的日记中洛克写道:"我们在这里是一个快乐的大家庭,没有什么东西能够打扰我们宁静的存在。"这年夏天,他还得知辛普森在甘肃被杀害的消息。虽然两人有过一段不愉快的相处经历,但洛克还是为朋友的死感到惋惜。在给友人的信中他称英年早逝的辛普森是一个真正有天赋的传教士,从不把外国的生活方式和习俗带到异乡的土地上,并与当地的藏族人建立了深厚的友谊。

1932年9月25日,洛克经海防到了香港,在香港的医院治疗,然后又到了上海,在上海他又见到了斯诺。在上海的三个多星期里洛克买了许多书籍,然后又到北京。这次旅行的目的,是洛克为研究纳西文化进行的一次资料收集工作。洛克在上海和北京首先收集了有关中国西部的中文文献,包括中国18个省份和附属地区的"通志",自明代以来云南、四川、甘肃、西藏所有县、州的地名志书；在故宫图书馆和北平图书馆抄录了一些地方志书的孤本；在收藏地方志书较多的上海徐家汇天主教图书馆里，洛克还抄录了些稀有、珍贵的藏书。在这以后的很多年里，洛克收藏的很多孤本书连亚洲、欧洲和美洲的大图书馆里都没有收藏。此外，洛克还收集了很多有关中国西部区域的西文出版物。

12月，洛克回到了昆明，到圣诞节，他派出去的纳西族助手已经完成了为加州大学的植物标本采集工作返回昆明，他们此行一共采集了26箱植物标本和植物种子，洛克对他们的工作表示肯定和感谢。在昆明，这个奇特的大家庭又开始了其乐融融的生活。美国《国家地理》杂志编辑格雷夫斯的去世使洛克又失去了一位老朋友，他感到更加寂寞。转眼间又是一年过去了，年近半百的洛克还没有一个真正的家，还没有一个固定的职业，年老多病的他一旦丧失经济来源，谁来赡养自己成了他的一块心病。洛克曾在日记中写道："我的生命是孤独的。"这一时期他经常读一些斯宾诺莎和尼采的书聊以自慰，虽然在孤独的世界里没有遥远的彼岸，洛克仍然以顽强的毅力在病痛的折磨下心无旁骛地研究纳西的东巴经书和宗教仪式，洛克在昆明一直待到次年的夏天。

20世纪20年代的植物采集和地理探险使洛克在有意和无意之间遍访了纳西族古代的迁徙路线和人口的分布地域，纳西族独特的历史、地理和文化激起了洛克的浓厚兴趣，特别是纳西东巴仍在使用活着的图画文字，洛克敏感地意识到东巴经书在研究纳西族语言文字、社会历史、文学艺术、宗教民俗、天文历法、哲学思想以及民族关系史上的价值。植物学是他的饭碗，可他却连一篇有关植物学的文章都没顾得上写，情不自禁地跨入了人类学研究领域，然后难以自拔。

1933年8月，老总管阿云山去世的消息传到了洛克那里，洛克感到十分的悲哀。老总管曾像父亲一样关照和爱护他这个异乡的游子，而一年多前与老总管在泸沽湖别离时还相约在洛克的工作完成后两人重聚，可是没想到这么快就斯人已逝。洛克又失去了一个可以归之家，感到在中国已经没有什么可留恋的了，于是又想到了离开中国。他把自己的18箱书先经海防托运到香港，寄存在朋友那里。10月初，洛克在从丽江新来的东巴的帮助下神速地完成了部分东巴经书的翻译工作。

与纳西助手们离别的时候到了，想到也许是永久别离，洛克心里一阵阵隐隐作痛。洛克在日记中写道："他们善良、宁静、头脑简单，孩子似的天真无邪和可爱，我喜欢他们，但是我也需要智识和精神上的同伴，和他们在一起，我好像是被一群孩子簇拥着。"洛克把自己用不着的东西都送给了他们，但有的人在为加州大学伯克利分校采集植物标本的报酬上感到不满，生性敏感的洛克则觉得这是一件很伤感情的事，忘却了自己也曾喜欢与雇主在报酬上讨价还价。更令洛克感到伤心的是，他比较喜欢的李士臣拒绝与他一同到欧洲去，而想回到丽江与妻子和母亲团聚。

环球之旅

1933年，这一年在西方世界有一本书一出版便风靡一时，这就是英国人詹姆斯·希尔顿的小说《消失的地平线》，而洛克的《中国西南的古纳西王国》却仍在酝酿之中。

1933年10月19日，洛克从昆明到了越南河内，21日他在日记中开始十分挂念"贪婪的纳西人和在昆明的房子，还有房子背后的刑场"。离开云南的洛克这时才想到，不知该到哪里去，也不知道什么地方才是他的归宿。他想到要有一个继承人来照料自己的生活，于是他想起了自己的外甥罗伯特。洛克在香港短暂停留后又到了上海，然后乘船到欧洲。

1933年12月8日，洛克到了意大利的威尼斯，想到30年前自己在威尼斯流落街头、饥寒交迫的悲惨遭遇，洛克萌生了一种补偿心理，大肆地挥霍和享受，可是外甥罗伯特的怯懦表现却使他大失所望。洛克此次返回欧洲，重温了少年时代的漫游。他到了法国的尼斯、摩纳哥的蒙特卡洛等地，圣诞节他到了维也纳与姐姐一家团聚。衣锦还乡的舅舅为他的外甥们带来了许多贵重的圣诞礼物，此外，他还没忘记去见他穷困潦倒的老师和同学，看到他们平庸和碌碌无为的生活，洛克为自己当初的远走高飞而深感庆幸。在维也纳他还见到了著名的植物学家亨德尔·门采奇男爵。门采奇男爵1913年至1918年间曾在中国进行过植物学考察，也曾到过丽江，他对洛克的工作和成就十分赞赏，并邀请洛克到维也纳大学开植物学讲座。一个有鸿鹄之志的流浪少年终于有一天能够登堂入室，与名流学者平起平坐，这让出生于社会底层的洛克的虚荣心得到了极大的满足。他爱这个城市的一切，但在维也纳却没有他的事业和归宿。在维也纳的两个半星期时间里，他流连忘返于歌剧院和维也纳的大街小巷，回忆少年时代的美好时光。

1934年1月9日，洛克乘火车离开维也纳前往巴黎。1月13日，他在巴黎度过了他的五十大寿，他一面到罗浮宫等风景名胜参观游览，另一方面积极联系有关纳西论著的出版。出版商对他的手稿很感兴趣，但因洛克的索价太高而作罢。虽然他此次来欧洲的主要目的之一就是联系出版，但他却并不在乎。这时他又想到了回云南。他给在丽江的传教士莎登女士寄去了300美元，让他转交给纳西助手到昆明等他。随后洛克又到了伦敦，会见了许多老朋友。伦敦植物学界和园艺爱好者对他的到来很是兴奋。洛克在伦敦因肠胃病复发在医院里躺了十多天，住院期间在与病友的闲聊中洛克才得知纳粹党在德国兴起的消息。战争的阴云笼罩着整个欧洲上空，洛克不得不冷静下来认真思考欧洲时局的变幻与个人的前程与安危。与欧洲残酷的现代战争机器相比，洛克认为中国的土匪和军阀所进行的战争是业余水平的，中国遥远的西南边疆仍算得上是和平的乐园。洛克在日记中写道："白种人是这个世界上的祸害，就像是伊甸园里的那条蛇，他们发明的战争机器可以杀戮成千上万的人，同时又发明X光机希望用来救人以抵消屠杀的血腥和恐慌，愚蠢的人类在毁灭方面比保护生命方面干得更为出色。"

1934年2月底，洛克从伦敦抵达纽约，受到了萨根特女儿——一个富孀的热情接待。在华盛顿他受到了农业部和美国《国家地理》杂志的热烈欢迎，随后他又到了芝加哥和旧金山，受到加州大学伯克利分校的顾德斯比特的热情接待。1934年5月6日，洛克到达了日本，日本军国主义的穷兵黩武给洛克留下深刻印象。洛克认为日本的军国主义是西方文明的产物，正是白种人教会了日本人侵略和扩张，并说"白种人此举是到了自杀的悬崖边"。身为植物学家和人类学家的洛克虽然对政治一窍不通，但他也嗅到了战争血腥的气息，事实证明了洛克的先见之明。数年之后，日本果真把美国也拖进了太平洋战争的泥潭。洛克的同行、美国人类学家本尼迪克特在战争期间也加入到反法西斯心理战的行列之中，她准确地预见到了日本在穷途末路下的投降，她本人因《菊与刀》一书对日本国民性的研究而成名。

1934年春，洛克来到了北京，因为北京的文化和学术氛围比较适宜洛克的研究工作。洛克曾想到过在北京租房子，这时埃德加·斯诺也于一年前来到北京，在燕京大学的新闻系兼课。萧乾当时从辅仁大学转学到燕京大学，选修了斯诺开设的"特写——旅行通讯"，结识了这位不到30岁的美籍教授。这时的斯诺新婚不久，他与洛克此时早已尽弃前嫌，一起吃饭后，还到西山一带帮洛克租房子。在北京的两个多星期里，洛克一面游览名胜古迹，一面与一法国书商联系编辑出版《中国西南的古纳西王国》一书。1934年6月，洛克在环绕地球一圈儿后又回到了昆明。

回到昆明后，洛克在城里的南门街石桥铺28号租了一套舒适的西式住宅，这套住房最核心的地方是洛克的书房。书房宽敞气派，壁炉上方挂着孔子的巨幅画像。炉台上摆着两瓶鲜花，墙壁上还挂着书法条幅和照片，沿墙根摆着一排排书架，宽大的书桌下垫着地毯，在这里，洛克重新确定了一个庞大的研究课题——"中国西南的历史与地理"。

入秋后洛克又去了一次北京，但在圣诞节前又回到昆明。他在给友人的信中说："我在这里感觉很好，生活便宜，房子也不错，还有忠顺的仆人，我还能奢求些什么呢？"

冬去春来，1935年4月末，中国工农红军在国民党军队的围追堵截下从贵州转战到了云南。1935年5月1日，洛克在日记中写道："云南府已经下令晚上七时以后戒严，不允许人们到街上行走，街垒已经垒起，共产主义者已经到了离城四十里的大板桥。"作为一个外国人,洛克又像往常一样感到了恐慌和心神不定,他乘火车跑到开远去暂避,并时常得到消息:"红军占领了昆明以北的富民等待增援,不知道红军是否会不惜一切代价攻打昆明,或者只是挥师北上,越过扬子江进入四川。如果我是龙云,我会放他们一条生路,让背叛自己的国民党见鬼去吧。当贵阳受到红军威胁时,蒋介石强迫龙云的部队到贵阳替他解围,而他自己的嫡系部队则保留完好得像一块光鲜的奶酪。他自己的部队不去作战,而让别人的部队在云南送死,后者却免不了被红军所击溃。可怜的云南已经被贪官污吏糟蹋得不成样子,现在又成了混蛋军阀们的替罪羊,但毫无疑问龙云会让他们溜到云南西北,到四川去与蒋介石两败俱伤。"红军作出佯攻的架势,突然在离城不到十里的地方掉头向北而去,等蒋介石乘飞机到昆明督战时,红军早已摆脱了敌军的追剿。一个星期后洛克回到昆明,听到了有关红军的各种神奇的传说。红军严明的军纪、不偷不抢、对百姓秋毫无犯给洛克留下深刻的印象:"红军什么东西都给钱,当他们需要食用田地里的马铃薯时,他们会竖一根木桩在田里,把钱放在一个小袋子里然后系在木桩上。"与之形成鲜明对比的是国民党的军队:"他们到处烧杀抢掠,这群军纪败坏的寄生虫与一般的土匪没有什么两样。"

次年4月，红二军团路过云南。4月13日，洛克听说有一名叫阿尔弗雷德的瑞士传教士在昆明附近被红军释放后到一家医院里治疗，于是洛克急忙赶去探望。阿尔弗雷德汉名为薄复礼，在经过贵州的一个小山村时因误解被肖克和任弼时的红六军团扣留，后又被移交给贺龙的红二军团，随红军转战贵州、湖南、云南等地，跟随红军长征达18个月之久。阿尔弗雷德对洛克说，如果农民知道共产党是什么样子，没有人会逃跑的，因为红军在攻占城镇后会开仓济贫，受到大多数受苦大众的欢迎。红军组织严密，有马克思主义的信仰。这使洛克对共产主义有了更多的了解。他在给华盛顿的友人的信中说："国民党的军队到处抢掠，所以老百姓确实希望红军回来。"阿尔弗雷德神父在返回英国后则根据自己的奇特经历写了一本书，书名为《神灵之手》。书中叙述了他被红军羁押的经历，阿尔弗雷德也成为最早向世界报道红军长征的外国人。

这一年年底，洛克还去了一趟香港，购买图书。

云端看雪山

1936年2月3日是星期一，阳光明媚，洛克这天包租了

遥远的阿尼玛卿山

一架中国航空公司的飞机"昆明"号从昆明飞到了丽江。这次飞行的主要目的是从空中俯瞰玉龙雪山诸峰和穿越阿昌果大峡谷（虎跳峡），因为从地面穿山越岭无法搞清所绘地图的比例，或是漏掉一些山脉和河流的细节。

这次飞行最惊心动魄的一幕是穿过阿昌果大峡谷。洛克后来把在飞机上写的日记附录在十多年后出版的《中国西南的古纳西王国》一书中。还是让我们看一看当年洛克如何玩儿的就是心跳的吧："当我们飞近峡口的时候，飞机被风刮得和山壁非常接近，可怕的金沙江峡谷似乎要把我们吞掉。风猛烈得怕人，我们的两边有冰盖的山峰，绝壁把我们包围起来，而12000英尺（3657.6米）下面是奔流的金沙江……峡谷里暴风狂啸，我们的飞机在暴风中像一张纸一样震动着，狂风把我们的飞机吹向哈巴山峰，我真怕飞机会撞到盖冰的峭壁……峡谷中不同气流形成的大风，使我们的飞机颠簸得像大海里的一只船，有时飞机垂直下落，要接连几次加大油门才能升起来，然后又向侧面滑下，以每分钟1500英尺（457.2米）的速率，不由自主地忽升忽降。引擎声似乎越来越大，回声在巨大的绝壁中不绝于耳。在这个狭窄的深渊里，飞机倾斜、颠簸，在17000英尺（5181.6米）高的垂直绝壁中，与石灰石岩石十分

1936年首航丽江的"昆明"号飞机

接近,沉静而伟大的山峰,似乎轻蔑地望着我们,看我们脆弱的飞机在它的脚下发抖。"

心有余悸之后,飞机在"全省最好的天然飞机场"漂亮地降落。第一个跑到飞机前来的是李士臣,洛克曾想带他到欧洲旅行。洛克看到这个又黄又瘦、出身为牧童的助手时,感到心痛。这是快乐而短暂的一天,他在日记中写道:"我去了我的老房子，我简直难以置信，我在这里会待上这么多年，冬天的风很大。虽然田里的豆子和小麦已经长出嫩芽，但原野里仍是一片灰黄，阳光灿烂，天气却很冷。那些熟悉的雪峰巍峨屹立，直插深蓝的苍穹。在逗留的两个小时里，我仿佛又重温了一遍在丽江的岁月。"洛克在吃午餐时，一头猪从通往厨房的门洞里窜了出来。随后洛克又到山村小学校里看了一眼他从加利福尼亚带来的、亲手植下的桉树，但忘记看一下种在他旧居外的苹果树。下午4时洛克的飞机回到了昆明。事如春梦了无痕，洛克很快又沉浸在东巴经书中，在昆明又迎来了一个温暖的春天和凉爽的夏天。

1936年8月，洛克又到北京、成都、南京等地周游和购买书籍，由于他乘飞机，节省了很多时间。在北京期间他和斯诺聊到了红军和共产主义，并把从落难的阿尔弗雷德神父那里听到的传说绘声绘色地讲给斯诺听。这对斯诺的一生来说是一个转折，没有洛克也许就没有斯诺以后的延安之行，也就没有《红星照耀中国》这本书。

在昆明的生活永远在病痛与文化研究之间摇摆。洛克渴望有一个真正的家，但他那种生活在别处的性格使他的生活只能是一种类似"游牧"的生活,他不会永远属于一个地方。1937年2月,洛克与和志辉一起到了河内和西贡。这一年,《消失的地平线》被拍成了电影,而洛克则与和志辉在河内电影院看了一场卓别林的《摩登时代》,两个人都开心得哈哈大笑。尽管前途暗淡,片中的流浪汉在结尾还是满怀信心地走向生活。从流浪汉想到自己的将来,洛克感慨万千。他在当天的日记中写下一段内心独白:"我不知道我会在哪里终老,我当然不会在时局动荡的时候去欧洲,即使不能回到奥地利我也毫不在意。我能做的唯一选择是,待在云南的某个地方,然后慢慢地等死。我有很好的房子,忠厚的仆人,还有美味佳肴……我想带上一台收音机,一台冰箱,这样我就可以有新闻和音乐听,另外还有雪糕吃。"洛克去意不定,曾又回了一趟昆明。1937年5月,洛克又去了一趟北京和上海,联系书稿的出版事宜。他的病需要动手术,但他还是下决心不动。1937年6月,洛克终于带着一台收音机回到了昆明,但是没有带电冰箱。

人在高原上,离星空和云彩更近时,更能感受到云彩的飘浮不定。洛克是一个心血来潮的人,说来就来,说走就走。他像彩云之南的云一样归去来兮,萍踪无定。时光流逝,岁月无情,洛克已经衰老了。但经过数年的深厚积累,他对纳西的文化人类学研究正是含苞欲放之时：1936年，他在成都的《中国西部边疆研究月刊》上发表了《纳西族文献中的洪水故事》；次年又在该月刊发表了《赫拉（祭风仪式）——纳西巫师施行消灭灵魂之法术》和《纳西人占卜书"左拉"（Tso-la）的来历》；1937年他在莱比锡的《亚洲艺术》月刊上发表了《东巴什罗——纳西萨满教主的诞生和起源》；1937年他还在美国纽约的《地理周刊》上发表了《美国地理学会所藏的尼科尔斯收集的麽些象形文原稿》一文；1937年他在河内的《法国远东大学学报》发表了《东巴什罗的诞生和起源》《纳西族的"赫日皮"仪式》；1939年又在该刊物上发表了纳西族的情死，也就是纳西人的罗密欧与朱丽叶——《卡美久命金的爱情故事》；1938年他在北京的《文物丛刊》上发表了《日喜部落及其他们的宗教文献》。虽然他还暂时未能在西方的人类学界登堂入室、名噪一时，但他已开启了纳西文化研究的一扇大门。

1937年7月，即洛克回到昆明一个月后，抗日战争全面爆发。随着战争向纵深发展，动荡不安的生活使他不得不暂时放弃他心爱的研究工作。

世界上没有宁静的土地

1938年12月，国民党政府西撤迁都重庆后，云南也成了抗战的大后方。昆明到下关的公路也修通了，原来从昆明到丽江18天的路程整整缩短了一半。边远的古城丽江顿时热闹起来，由于战争，到成都、康藏的物资转运量激增，丽江原来在滇藏、滇川贸易中就是重要的集散中心，战争的爆发使得丽江的贸易一度十分繁荣。但对于洛克来说，他需要的只是一个安静的环境来从事他的学术研究工作，其他的一切都不重要。

抗战烽火

1937年7月，洛克从北京回到暂时还宁静的昆明。卢沟桥事变后，日本军队很快就占领了中国的大片领土，战争似乎离云南并不遥远，每天收音机中传来的消息越来越令人焦心。

到了年底,收音机里又传来日本人在南京大屠杀的恐怖消息,各国侨民纷纷撤离中国。洛克开始举棋不定,此时他的两颗烂牙又疼痛发作,可在昆明却找不到一个牙医能医治。12月,洛克伤感地坐在收音机前,在日记中写下"没有好消息,听到的只有屠杀和战争"。

1938年的新年来临,洛克52岁的生日就这样在死气沉沉的昆明度过。除了听收音机外,很难得知外界发生的翻天覆地的变化。不单是中国,这时整个世界都处于世界大战的边缘,洛克只有把一切担心和疑虑在日记中抒发。他在日记中写道:"世界大战会爆发吗?……这世界变得如此的荒唐,轰炸无辜的平民,炸毁平静的家园,人民遭凌辱,还愚蠢地说'把和平带到亚洲',让人们去热爱侵略者。"洛克是个谨小慎微而怕事的人,战争让他揪心的另一个原因是多年来他大量的收藏品和朋友送的礼品,如卓尼王子送的老虎皮、收藏的青铜器,大量的善本、珍本古籍等等需要一个安全的地方来存放。他把个人的所有财产造表登记,接着又把值钱东西打了几大包寄到香港存放。战争的到来使得洛克心绪不宁,沉闷气氛下,他所从事的研究也没有什么进展。这使洛克脾气暴躁,感到无比的孤独,记日记也经常间断。到了5月,洛克再也无法忍受这种生活，突然决定启程去欧洲。他付了足够的费用让纳西随从们回丽江去，只留下了和志辉在昆明守房子。洛克交代他，如果日本人进攻云南，就把所有东西运到河内保存，以防不测。

从河内到曼谷，洛克乘飞机连续中转十几站才最后到达柏林。洛克此次回欧洲，想带外甥罗伯特到中国协助他的工作。罗伯特此时早已在柏林订了豪华房，等着洛克的到来。罗伯特这一次来到柏林见舅舅，满心欢喜又小心翼翼，生怕又犯了大忌，惹舅舅生气。谁知道舅舅一到就把他训了一顿，叫他把豪华房退换成普通房，弄得罗伯特丈二和尚摸不着头脑，想不通为何一贯喜欢奢华排场的舅舅这次怎么又不摆阔了。在柏林植物园，洛克指着几百种植物上的标签，骄傲地叫罗伯特看看，上面都标着"采集者洛克：采集自中国"。此次洛克到德国的一个更重要的原因是拜访柏林的一些学术机构和出版商，想为学术机构在中国采集植物标本并希望出版商为他出版一些有关纳西宗教的论著。作为纳粹德国首都的柏林到处弥漫着战争气氛，学术机构也没有心思搞学术和研究。洛克在德国没有接到采集植物的任何订单，论著出版的事也不尽如人意。大失所望的他于是给了罗伯特一笔钱，把他打发到意大利的米兰，并叮嘱他要节约，只能坐三等舱。他自己则到苏黎世、巴黎转了一圈儿。他还想去美国，但盘缠不够了。大战迫在眉睫，欧洲并非他想象般的平静，想来想去，洛克还是决定回云南为上策。

8月份，洛克才回到昆明，日本人的轰炸机就接踵而至。8月15日，日本人第一次空袭昆明，从此省城一直被日本人的轰炸搞得人心惶惶。洛克在9月28日的日记中描述了难以忘却的一幕："警报拉响，震耳欲聋，和志辉和我立刻从客厅的窗子往外看去，听见雷鸣般的爆炸声，紧接着巨大的烟柱腾空而起，尘土和烟雾笼罩在城市的上空，久久不散。几分钟后，九架日本飞机飞过我的屋顶，一架被击中，冒着浓烟落下。机枪声和防空炮火响成一片，我的心都提到喉咙，感到绝望无救。"

日本人的空袭一直在持续，隔三岔五就要来昆明骚扰一阵。洛克不敢久留，把财物送到滇越铁路火车站的仓库。他天真地想，日本人或者怕法国人，不会贸然攻击法国人的地盘。战争的阴影笼罩着昆明，洛克的家成了滞留的外国侨民聚会之地，大家都来这里听收音机，了解外界发生的情况，叙谈昆明被轰炸后各人所见所闻的种种惨状。奥地利记者唐纳德也是洛克的座上客，此人后来成为蒋介石的政治顾问。《慕尼黑协议》的签订，让这些远离西方的游子们着实高兴了一阵。他们在洛克处开香槟酒庆祝了一番，以为和平的日子为期不远了，而实际的情况是战火在世界各地愈烧愈烈。洛克在昆明的安全，也令美国领事馆担心，总领事麦尔一再催他回美国避一避风头。

越南避难

1938年10月，无可奈何的洛克回到夏威夷。他想，夏威夷是个"世外桃源"，孤岛能避开战争，便于继续他的研究工作。当地的新闻机构把才从中国回来的他当成了中国问题专家，他于是对夏威夷的新闻媒介发表了不少自己对时局的高论。但洛克很快发现，夏威夷生活费用高昂，想定居下来生活并不容易。这时夏威夷大学和他谈了笔交易，聘他为客座教授，教授中国的历史、地理和植物，年薪3000美元，条件是他捐献出他的私人藏书。洛克在仔细考虑之后没有完全接受，但同意把昆明和香港留存的图书运到夏威夷，先借给学校使用。除夏威夷的生活费用高昂外，没有纳西随从照顾他的生活，他有可能无所适从。于是洛克做好回云南的准备。

然而炸弹下的昆明已不再适于他的研究工作，于是洛克决定找一个地方，离云南不远不近，能随时观察中国的动向，危险时也能容易地逃之夭夭。1938年年底，洛克到了越南，花了一个月时间从北方考察到南方，最后选中了南部古代越王避暑的一个小城大叨（Dalat）。之后，他立刻打电报叫他的纳西随从们来越南，但离家多年的纳西人不愿再离开丽江，何况外面的世界正是一片混乱。可洛克不能没有他们，他到昆明，执着地发了几封电报催他们前来。洛克在昆明的老房子此时已是空空荡荡，冷落荒凉。他住在领事馆，同麦尔一道在轰炸声中度过了圣诞节。圣诞节过后，四个纳西人陆陆续续到了昆明，洛克于是与他们一同前往越南避难。到越南后不久，便从昆明传来消息，洛克的房子被日本飞机投下的炸弹击中，只留下残垣断壁。

越南的新生活充满清新的感觉。洛克给老朋友麦瑞尔写信说道："天气真好，风景如画，地方洁净。我买了一辆汽车，租了一栋三间卧室的房子，希望来年是个好运年。"这一年对洛克来说确实是个幸运的年头，在越南风平浪静的日子里，他几乎忘掉了外界发生着惊天动地的世界大战。这一年洛克在研究纳西语方面有很大的进展，关于纳西宗教仪式的两卷著作也交付上海准备出版，但制好的版由于日本人的炸弹炸了印刷厂而没能印出来。粗通近十种语言的洛克不懂越南语，但在法属殖民地的越南，他用法语还可以对付。几个纳西人在他的指导下每天去野外捕鸟，为美国国家博物馆收集鸟类标本，日子过得也很舒心和轻松。不知不觉间，一年便过去了。

1940年7月，平静一时的越南也开始动荡不安起来。德国在欧洲节节取胜，日本在东南亚开始大肆扩张，企图形成对中国的大包围圈。在日本人的压力下，明哲保身的英国人关闭了滇缅公路，中国后方最重要的补给线被切断；法国人控制的滇越铁路也准备关闭。这等于是给在艰难困苦抗战中的中国雪上加霜。对洛克来说，在越南一年半的好日子也即将结束。他做好了打算，又得另觅他处了。

洛克决定让三个纳西人在铁路停运之前回昆明，和志辉则同他一道赴曼谷转飞机到夏威夷。可计划不如变化快，滇越铁路突然关闭，东南亚顷刻之间成了日本人的势力范围。四个纳西人回了云南，洛克只身一人坐船到了马尼拉，然后回到了夏威夷。

洛克原打算在夏威夷大学教上一年书，同时把藏书也捐给学校。当他到学校看到他的那些宝贝书籍时，他的心从脖子凉到脚跟。这些价值连城的书籍被放在一所旧仓库里,满地全是虫子。一些书受损严重,一些装书的箱子依旧放在受到水浸的潮湿地方。洛克强压住怒火找到校长柯冉福特博士。不料此人对东方文化很无知,觉得这些没有几个人看得懂的书没什么了不起,他这样回答洛克:"这是我所选择的保存方式。"心痛无比的洛克愤怒地对夏威夷的记者说:"我可以终止合同,收回我已被损坏的书籍,但绝受不了他的侮辱。"这场冲突的结果是,洛克把这些书送给了哈佛大学。哈佛大学燕京研究所不费吹灰之力就得到了这些他们一直想要的中国古代的珍稀史籍。洛克在夏威夷待不下去了,记者问他有何打算,洛克答道:"我要离开夏威夷,去东方遥远的某个地方。"

古城边的菜园

洛克经香港飞回到昆明后,他在省城的房子早已经成为一片废墟。无处容身的洛克于是回到了离别四年的丽江。战时的丽江相对平静,食物也不成问题。这次他在丽江古城的玉河边和子安家租了一进两院的大房。战争期间,洛克体会到飞涨的物价给生活带来的艰难,所以此次有备而来,从国外带回了不少种子,他在后园开辟了菜地,自己和房东种起菜来,同时做一些野生植物驯化的试验。丽江本地的蔬菜品种不多,深谙植物学的洛克了解丽江的气候土壤,所以引进的品种在丽江生长茂盛,洋花菜、豆角、西红柿等应有尽有,一些品种甚至流传至今。玉河边自给自足的生活,让洛克在丽江感到一丝宽慰。

不久,传来了日本偷袭珍珠港的消息,美国强大的太平洋舰队顷刻间遭到毁灭性的打击,美国正式参战,太平洋战争爆发。想到在危险来临前避开了厄运,洛克感到了庆幸,虽然对夏威夷大学校长有一肚子的怒气,但他对那一带海岛怀有深厚的感情。除了丽江,他一生中待的时间最长的就数夏威夷。

太平洋战争爆发后,滇西在日军的进逼下一度岌岌可危,远在丽江的洛克时时打算逃避战争。他后来回忆道:"1942年夏天,日本人占领了云南西南部的腾冲后,谣传他们将进攻大理。为了避免落到他们手中,我不得不离开丽江,准备往北走,经过木里到康定。"谁知洛克才到泸沽湖就得了重病,在阿云山夫人悉心照料下,洛克在泸沽湖住了十多天,总算恢复了健康。中国军队当时炸毁了怒江上的一座铁索吊桥——惠通桥,凭险据守,日本人没有能进入云南腹地。虚惊一场的洛克又回到丽江。

在战时的丽江，可可、咖啡、白面成了奢侈品，价格昂贵，这些物品都是从遥远的印度运来的。丽江有不少商人通过喜马拉雅山脉马帮小道远到印度做生意，一时间，丽江走出了封闭的地理圈子。说起加尔各答、孟买等大城市，在丽江老百姓的感觉中并不遥远，就连位于雪嵩村不远的白沙大平坝上，也建成了一个航空站。洛克对丽江的传教士一向是敬而远之，不同他们有过多来往，战争使得这种互不往来的局面有所变化。传教士们经常来洛克处打探点儿新闻，当地官员也不时来造访洛克，以期得到一点儿外界的消息。在丽江的外国人除了传教士外，还有一个白俄后裔顾彼得，此人是丽江航空站站长，后来受国民政府委托，在丽江建立工业合作社，算是国民政府委派的官员。洛克不懂政治，但有一点他是知道的，一个外国人要在政府中谋差事是要有点儿能耐的。顾彼得的一个女朋友是孔祥熙夫人宋霭龄的秘书，通过孔夫人的活动，顾彼得才直接得到国民政府高官孔祥熙的委派到了丽江。顾彼得初到丽江时，曾寄住在洛克的家里，二人虽然性格迥异，但彼此之间的关系一直不错。

中、日"缅甸之战"与驼峰航线

太平洋战争爆发后,美国大名鼎鼎的史迪威中将来到了昆明,担任中印缅盟军司令和中国战区参谋长。为了抗击日寇,中国组织了十万远征军出征缅甸,迎击日军和解救被围困的英军。由于英军的不战自溃,致使中国远征军在缅甸失利,滇缅公路被日军彻底切断,抗日物资供应告急,整个抗战的补给不得不靠空中的运输。1942年,印度阿萨姆到昆明的航线试航成功,开辟了中印的空中补给线。这条航线要飞越500公里空气稀薄、形似驼峰的喜马拉雅山脉,不分昼夜地向昆明运送军需品。最高峰时,平均每分钟有一架运输机飞越喜马拉雅山,昆明机场也成为当时世界上最繁忙的机场。"驼峰航线"的运输量,比全美国所有航空公司的运量还要大。然而,损失也相当惨重,特别是因为航线图非常不准确,恶劣的气候和复杂的大山,损失的飞机和飞行员比战斗损失的多得多,单飞行员和机组人员就牺牲了两千多人。由于飞机撞山事故不断发生,飞行员们都把这条航线称为"地狱之路"。

1944年,陈纳德少将(Chennault)找到正在研究东巴经书的洛克，请他为美国军队帮忙修订地图，洛克于是到印度加尔各答为十四航空队修订航空地图，以他对这个地区的渊博知识，为第二次世界大战盟军和抗日的胜利立了一功。为了洛克的安全，陈纳德要洛克到华盛顿，作为顾问去美国国防部地图署继续工作。洛克为此写了一本《藏语的地名翻译及对照表》。洛克对原来的地图颇有微词，他评价老地图时说："我有机会修正中国西部和西藏东部的航空地图，重新审核中国边境的旧地图。这些地图很不完善，地图上标出的中文地名和实际所用的地名大不相同，地形地貌的描述相差甚远。形成这种情况的主要原因是到边疆测绘的不易，缺乏交流，还有一部分原因是原住民对外人怀有敌意，难得提供真实的信息。"

陈纳德1937年就任中国空军顾问，为了抗击日本空军，他组织了一百多架旧飞机，征召美国志愿兵，成立了民间的飞虎队来华参战，在中国老百姓中声名远扬。美国政府也在1942年收编飞虎队，这支勇敢善战的飞行队成为美国空军的十四航空队，飞机也增加到2000架。飞虎队以昆明巫家坝机场为基地，承担对日作战和运输，在浙江、广东、西安、兰州、贵州、成都等地有基地，仅在云南各地，就修建了15座简易机场。在第二次世界大战末期，美国在云南的军事人员有近五万人，其中大部分是飞虎队的。

海底沉宝

1944年年底，洛克在加尔各答完成了初步的地图审校工作后，把十多年来的研究笔记和东巴经译稿，装了一只大箱子；又把搜集的东巴经书装了一大箱，交给"S.S.理查德"号邮轮发运。他自己则轻装简从，从印度到了非洲，又经南大西洋到巴西、圭亚那游历了一大圈儿后，从佛罗里达回到华盛顿，准备去国防部地图署报到。他暗自庆幸在整个世界战火纷飞的时候，居然毫毛未损地游历了大半个地球。洛克兴冲冲地去取他发运的两箱物品时，告知他的是一个晴天霹雳："理查德"号邮轮启程后不久在阿拉伯海被日本潜艇击沉，两个大箱子永远沉入了印度洋的海底。听到这个噩耗，洛克气得头昏眼花，这些宝贝已是他生命中的一部分。天无绝人之路，他的一个老朋友12年前的一个建议，使他十多年的努力没有全部被日本人毁于一旦。

1934年，洛克回美国在华盛顿时，他的好朋友、农业部种子引进办公室负责人沃尔夫·斯温格尔，清楚地知道洛克对植物的采集已经没有兴趣，而是醉心于东巴经的研究。对洛克这种做法，他一直是睁只眼闭只眼，只要洛克能基本完成农业部的任务就行。斯温格尔对洛克给他看过的纳西象形文本有一种直觉，认为这是世界上现存的罕见之物，而对东巴经的研究成果今后则会在学术界引起大震动。他建议洛克把已完成的前三个部分的手稿做一个影印件的备份，并留存在他那儿。斯温格尔不久后任职于国会图书馆，并创建了东方部。洛克1940年回中国之前，曾把收集的1300本东巴经书无偿赠送给了东方部，完成的工作也做了一个备份，存在东方部。

又气又急的洛克患了中风，得了面部神经麻痹。斯温格尔的来访和他带来的这份备份资料，才让洛克体会到12年前做的备份是多么重要，心情也渐渐平静下来。洛克对此记录得很清楚："1946年，我在哈佛—燕京研究所的赞助下返回丽江，再度开始纳西经书的翻译和继续1932年就开始编撰的字典。幸运的是，我还有在华盛顿留存的一个复制件。与此同时，帮助我的老东巴死去，与后来的一个东巴的亲戚一道工作变得很有必要，后来证明他是个非常聪明和学识渊博的纳西人。"

1945年8月15日，日本无条件投降，四处颠沛流离的洛克总算可以松一口气了。虽然丧失了很多研究资料,但他又可以重返云南继续从事心爱的研究工作。此时他与十四航空队结下一段渊源,用知识赢得了大兵们对他的爱戴与尊重,飞行员们都乐意给他提供便利。抗战结束后,他回丽江再也无须从陆路去,军用飞机会把他送回,而且会不时地空投一些生活用品和药品给他,以对他修正的地图表示谢意,这些帮助是华盛顿那帮专业的地图学家和地理学家们所无能为力的。丽江的纳西人也一直弄不明白,为何美国从陆军到空军,对这位个子不高、貌不惊人的植物学家会情有独钟,关怀备至。对这段经历,洛克一直没有对外宣扬,他只愿在学术上出人头地,只有高层学术界的青睐,才会使他有收获的欣慰。回到了云南的洛克又来到丽江,他的整个身心,再次沉浸在纳西文化的深奥殿堂中。

永远的流浪

波折的返途

1945年3月,随着反法西斯战争的节节胜利,洛克在地图署的工作也随之结束。同年8月,日本在广岛、长崎两市遭受原子弹的袭击后宣布投降,第二次世界大战终于结束。此时的洛克非常渴望结束自己漂泊无定的生活,远在美国的他无时无刻不想念远在丽江的那个"家",但此时的中国又陷入了内战的战火。洛克在日记中哀叹道:"中国的内战又起,今天的日记同20年代我在中国记的日记没有什么两样。但是我想尽快回到中国,希望这是我的最后一次旅行。我希望待在丽江,死在丽江,永远同我的纳西朋友在一起。"

可是今非昔比,理想与现实之间总是有一定的距离。自

1930年以来,为从事纳西文化的研究,洛克已经花光了18000美元的积蓄。为了继续自己对东巴文字的研究工作,洛克不得不拖着病弱之躯,四处奔波寻求资助。好在老朋友斯温格尔理解、鼓励他继续从事这项有意义的工作,并帮助他四处筹款,使他能够早日重返丽江从事东巴经的研究。哈佛植物园的园长,洛克的老友艾尔玛·麦瑞尔(E.D.Merril)在得知洛克的遭遇后深表同情。在第二次世界大战中他与洛克有相似的经历,日本人进攻马尼拉时,毁掉了他数十年的心血——一座私人图书馆和植物园。同病相怜的他向洛克引见了当时哈佛大学燕京研究所的所长舍吉·爱里瑟夫。

虽然有关象形字的手稿早已沉入大海,但洛克有关纳西历史地理的书稿并没有在战争中失落,在哈佛大学燕京研究所帮助下,洛克开始编著、审校《中国西南的古纳西王国》一书。在此期间,洛克在华盛顿和纽约之间疲于奔命。牙病难忍的他每个星期都要去看医生,同时又要忙于此书的出版校对,还要为寻求资助四处活动。通过麦瑞尔的从中斡旋,直到1946年9月,他才得到哈佛大学燕京研究所的一笔赞助经费,支持他进行纳西族研究。1947年,凝聚着他半生心血的鸿篇巨著《中国西南的古纳西王国》终于出版了,洛克感受到了一丝欣慰,但此时此刻他心里只有一个念头，那就是早日返回丽江，重新收集整理有关东巴文化的各种资料。

同哈佛大学燕京研究所刚一签订合同，洛克就迫不及待地出发了。途中他在夏威夷作短暂停留时，当地记者照例前来打探洛克今后的行踪。洛克兴冲冲地回答："我要回丽江……在那儿的生活不会受嘀嘀嗒嗒时钟的左右，而只会受到天体运动的影响。"

乐观的洛克乘船途经马尼拉，刚住进马尼拉大饭店没几分钟就遇到土匪打劫。土匪们持枪冲进了马尼拉大饭店，对着人群一阵扫射，混乱中洛克刚跑到楼梯口就扭伤了脚，他趴在地上，抱着个枕头装死，他前面的人们则中弹死去。劫后余生的洛克随后又来到香港，这时他又遇到了难题，他有约700公斤的行李，包括1000本东巴经、可维持三年的生活用品、木里王送的金盘子等珍藏。如果携行李乘飞机前往昆明，洛克实在没有足够的路费，有了以前的教训和意外，这次无论如何他都要与这些宝贝生死与共，于是洛克决定从香港启程走陆路前往云南。当时乘车从香港经贵州到云南要花三个月时间。绝迹多年的土匪常常出没于路途，由于战乱，汽油奇缺，如果中途汽车汽油用光的话，等救援要一个多星期。

历尽千难万险的洛克总算到达了昆明。这时的昆明满目疮痍、经济萧条，通货膨胀和经济困难的国民政府只允许外国人带250美元现金入境。市场物资短缺，倒卖战争剩余的美国军用品成了黑市最红火的生意，1美元同中国纸币的兑换率最高时达7200元。虽然法律规定黑市倒卖美元和军用品要被枪毙，但为了生活人们不得不铤而走险。一向奉公守法的洛克也经常用支票向即将回国的美国士兵兑换美元现金，然后在黑市卖出。在给麦瑞尔的信中洛克解释道："如果按官价汇率换钱，根本就没有办法活下去。"

洛克又回到了阔别两年之久的丽江。这时的洛克已经60岁，在时局动荡、生活日趋困难的情况下，他倾其所有的积蓄，收集购买了近5000本东巴经书。

由于通货膨胀，物价飞升，洛克常常感到经济上捉襟见肘。他在给友人的信中写道："1946年到1948年8月，物价上涨了68倍！我离开这儿时将一无所有，而这是我要退休的年龄。"他对手下人常说的一句口头禅是："没有法子。"1947年春天，他的牙病重犯，到了6月，随着病痛加剧，洛克右边脸上的神经又再次犯病，吃饭成了最难的事，每吃一口都要忍受剧烈的疼痛。丽江的医疗条件十分简陋，无法诊治。为了节省经费，洛克不愿坐飞机到昆明，于是只有求助于医书。他不愿意离开丽江，也不愿美国方面知道他的病情，害怕哈佛大学知道他的病情后会中断研究合约。1947年的整个夏天，洛克体重急剧下降。祸不单行，他的中耳炎再次发作。到1948年初，他的消化道也出现问题。幸而顾彼得常常到昆明，顺便帮他买点儿药回丽江。

病痛常常让洛克彻夜难眠，但他还是坚持与东巴一道工作。在东巴的热心帮助下，纳加仪式的资料翻译在1948年年底基本完成。1948年2月，美国的医生朋友写信劝告他："如果你听从专家的忠告，那么离开那个鬼地方吧！"想到死撑下去徒劳无益，洛克最终不得不乘飞机到香港接受初步的治疗，随后又乘飞机到欧洲，在一些大学和研究所开讲座和讨论出版的有关事宜。法国科学院向洛克颁发了法国人文科学的最高奖"朱利安奖"，此外，洛克还匆匆忙忙到瑞士日内瓦大学接受该校颁发的"卓越贡献奖"，这些事忙完以后，洛克才回到美国的医院接受进一步的治疗。

同年8月，病未痊愈的洛克又回到丽江，他再次写信给外甥罗伯特，希望他来丽江帮舅舅整理资料，这样可使翻译经书的进度大大加快。不巧的是，罗伯特到巴黎去签证没能签到。此次回美国看病几乎耗尽了洛克所有的积蓄，回到丽江后，洛克开始一件一件地变卖那些价值不菲的收藏品度日。为了糊口，洛克甚至不得不卖掉木里王送给他的金盘子。尽管如此，洛克还是坚持大量收藏东巴经书，日以继夜地与东巴一道工作。洛克之所以这么拼命地工作，可能是预感到时局的变化很可能使他再次中断研究工作，因为洛克从收音机中得知，蒋家王朝大势已去，中国大部分地区都已解放。

红色政权下的丽江

1949年4月，洛克刚刚结束"日每仪式经书"的翻译，土匪头罗瑛就带领了五千多土匪向丽江进发，而当时在丽江没有正式的驻军，民团和保安队如临大敌。尽管旧中国到处兵荒马乱，但二十多年来丽江还是第一次面临土匪的兵临城下。丽江城从政府到帮会都群情激愤，准备组织起来给敌人以迎头痛击。5月1日，一万五千多名城里和农村赶来的纳西农民，扛着老式的步枪甚至大刀长矛，聚集在过节的赛马场，高呼口号，要和土匪决一死战。喜欢凑热闹的洛克在丽江还从来没见过这种阵势。在集会的台上有一位才从昆明回来的纳西青年，用纳西话鼓动民众。此人是原西南联大罗庸教授的高足和万宝，曾在昆明的大学当助教，他的讲话感染了所有聚会的人，人们挥舞着刀枪，从赛马场出发，在丽江古城进行了浩浩荡荡的大游行。中甸的藏族也应邀来到丽江助战，丽江弥漫着紧张的临战气氛。这时谣传一个接一个，这伙土匪在其他地方烧杀抢掠，无恶不作，形势万分危急。5月3日，思前想后的洛克已成惊弓之鸟，匆忙从丽江乘飞机到了昆明。土匪被丽江纳西族组织完备和斗志高昂的气势所震慑，没有敢贸然进攻丽江城，在永胜交火后，甘拜下风退走了。丽江城又恢复了往日的宁静。而附近几个县则遭了殃：没有抵抗的永胜县被土匪占领，鹤庆县和洱源县也被土匪抢劫一空。

土匪之乱平息两个月后，7月1日，四面八方的人流涌入丽江城，在大广场又举行了一次盛大的聚会。毛泽东的巨幅画像高高地挂在了会场。中国共产党从地下转入公开，红色政权和平地接管了旧政府，和万宝在大会上宣布："在中国共产党的领导下，丽江人民胜利了，反动政府垮台了！"

听说土匪被打跑了，洛克赶快安排回丽江，几个月的惶惶不安和提心吊胆又浪费了不少时间。他于6月22日飞回丽江，然而天气不好，飞机下降不了，只有又回到昆明。洛克竟丝毫不知道丽江所发生的变故，在共产党解放游行集会后的第三天，也即7月3日，洛克满心欢喜地乘飞机回到丽江。当来机场接他的顾彼得诙谐地告诉他"欢迎到红色天堂来"时，用顾的话来说，洛克几乎"倒了下去"。让洛克吃惊的还不止这些，他这才知道，纳西青年和万宝竟是当地共产党的领导人之一，时任共产党的县委副书记。滇西北的共产党游击队在剑川设立了医院，缺医少药，派人来丽江同洛克商谈，请他提供一些帮助，洛克爽快地把所存的西药献出来，其中有国内很缺乏的一套手术器械和价格非常昂贵又难得到的"盘尼西林"。这些药用骡子拉了两驮才装完。丽江已经解放，而这时云南省会昆明，只是听说共产党的先头部队到了四川和贵州。

令洛克感到惊奇的是共产党对他的礼遇，他们不仅没有拘禁他，也没有没收他的财产，这样洛克在新政权下又生活到了1949年8月。然而"帝国主义分子"和传教士无法继续生活在新中国这块土地上。协助洛克工作的东巴们纷纷回家务农，助手们也渐渐散尽。政府通知他，作为不受欢迎的"帝国主义分子"，洛克必须离开丽江。洛克打电报到昆明，通过美国领事馆的安排，陈纳德答应一星期后派一架运输机飞到丽江。顾彼得也在被驱逐之列，同洛克一样，他也只带着少量的行李物品一起走。

预定的日子大雨滂沱，飞机没有能来，洛克在白沙的村子中惴惴不安地度过了一夜。8月3日，洛克和顾彼得在空旷的草地上又空等了一天，飞机还是没有来。两人刚刚回到村中，却听到飞机的轰鸣声从天而降。在民兵的监护下，他们急忙赶去机场。离别的场景非常感人，在当时的气氛下，洛克和顾彼得的纳西和藏族朋友都赶来为他们送行。顾彼得后来曾回忆道："银色的达科达飞机停在鲜花铺盖的高山草地上，显得自命不凡而神奇，它是众神从外层空间派来的使者，像寓言中的神鸟，来把我们捉上去，把我们带到未知世界去，……已经实现的梦想就这样结束了，经过相互了解得到的幸福了结了。"

依依不舍的别离匆忙而慌乱，在飞机起飞之际，和志辉的儿子含泪用英语问洛克："你还会回来吗？我等着你。"洛克则答："会的，一定会的。"顾彼得的纳西朋友和汝芝也挥泪向他们告别。飞机腾空而起时，洛、顾二人的心都留在了地面上。这时太阳已经落到了玉龙雪山扇子陡的背后，看着美丽夕阳映照的天空和彩霞，洛克和顾彼得默默无语。在无边的黑暗靠拢过来之际，他们在空中最后看了一眼在深峡中奔流不息的金沙江，这时他们才突然感到，这也许是永久的别离。他们无法再回到过去，所有的一切今后只有在心灵深处去追忆。空空荡荡的飞机带着他们的躯壳乘着夜色飞回了昆明。

幸运的是，这一次洛克没有丢失任何资料，新成立的革命执行委员会允许他带走所有的笔记和图书。对这一点，洛克非常感激。他并不懂政治，只是简单地认为这是"因为这些共产党是当地的共产党，北方来的共产党尚未接收此地"。很多年后，洛克在完成了《纳西语—英语百科辞典》的编写后，在此书的《前言》中平静地写道："这本百科辞典的内容一直在增加着和修订着，直到我离开丽江的最后一分钟，即便是在共产党统治下我在丽江的最后一个月。……1949年新中国成立后，我不得不向中国道别。这些情况像是包在一个坚果中，直到现在出版之前才在此回顾一下所历尽的种种坎坷。"由于当时的历史局限和"左"倾思潮的影响，东巴教作为一种原始宗教，解放后就被禁止，东巴经书被大量焚毁。"文革"后，和万宝与纳西族学者方国瑜教授，力排众议，几上北京，筹集经费，在非常艰难的条件下，1981年在丽江成立了一个东巴研究室，把已为数不多的东巴请到丽江黑龙潭的这个幽静之地。大量的东巴经从此开始被记录整理，并翻译成汉语。他们所做的贡献，使纳西族这份珍贵的历史遗产，不致于在这一代被湮灭。

作为一个科学家出身的洛克，对共产党的看法还是客观的，对与少数民族打了近三十年交道的洛克，深深理解为何共产党会得到少数民族的广泛支持。他对红色政权的态度也是欣赏的，特别是对共产党的民族政策。按现在的观点来评价，洛克可以称之为是一个"进步人士"。他在国外发表的文章中曾这样评价道："汉人过去总是蔑视部落居民，损毁地把他们叫作夷人或不开化之人，番子和蛮子，其意思是一样的。也把他们的部落写为诸如猓猓之类的，喜欢把犬旁的偏旁放到同音字一旁，表示对他们的轻蔑。红色政权也解放了各民族的部落，并宣布他们具有与汉人相等的权利。"在20世纪50年代，帝国主义孤立中国、美国麦卡锡主义反华势力猖獗的年代，一位科学家和人类学家能对共产党公开表示这样的看法，是很难能可贵的。

洛克断断续续在中国的27年间，经历了20世纪20年代的军阀割据，30年代抗日战争风云，40年代的第二次世界大战及中国内战烽烟，一直生活在动乱的环境中。他能完成无数的探险活动和坚持纳西族文化的研究，与他锲而不舍的坚强毅力有很大关系。他在1962年完成了《纳西语—英语百科辞典》时曾感叹道："我曾经遭遇了许多无法想象的困难。那时候到处都无和平可言，一个国家要把自己的价值观念强加于另一个国家。我所经历的磨难和忧伤不胜枚举：诸如土匪的骚扰、艰难的长途跋涉、战争年代、原子弹爆炸、通货膨胀、霍乱以及载有我翻译的纳西手稿的轮船被日本军舰击沉在印度洋。"

居无定所

1949年8月13日，洛克离开昆明前往香港，之后又到欧洲拜访了一些学术机构，特别是与罗马东方研究所建立了良好的关系。这一年年底，他到了印度的喀里木蓬。洛克此时始终还抱有一线希望，幻想还有机会到中国做短暂的旅行，这样在印度一住就是两年。

1951年，抗美援朝的隆隆炮声彻底粉碎了洛克再回丽江的希望，在印度还在苦苦观望中国局势的他只好无奈地回到了夏威夷。为出版和编写学术著作，洛克晚年不得不在美国和欧洲之间来回穿梭、四处奔波。他早年的友谊缺乏一种亲密的关系,自由是有代价的。好在他同康德尔思·马克斯的友谊延续到了马克斯家族的下一代,他的风烛残年,也算还有一个安全的港湾。康德尔思与洛克在20世纪20年代相识于北京,两人早在30年代就合作拍摄了整个北京古城,出版了一本厚厚的画册。康德尔思逝世后,他的女儿莱丝特·马克斯仍然把洛克视为家族中的一员。第二次世界大战以后,洛克把所有贵重的私人物品都寄存在马克斯家。在丽江的研究计划打乱后,洛克只有在四面环水的夏威夷海岛集中精力写作《纳西族的纳加崇拜及其有关仪式》。

20世纪50年代的夏威夷大学已成为太平洋的一个教育中心,洛克参与创建的植物学系在全美享有很高的声誉,在校学生达两千多人。校园的花园里和大道上,洛克当年采集的植物已蔚然成林,洛克过去在夏威夷大学的许多同事已身居要职,但对他还是热情未减,洛克由此感到一丝宽慰。洛克以前的一位学生,后在夏威夷大学当教授的克莱尔女士,热情地欢迎他的到来。第二次世界大战以后,从前清纯洁净的夏威夷成了人声鼎沸的海上乐园,火奴鲁鲁的海滩上到处是挤满人的浴场。洛克非常怀念过去静谧的沙滩和风吹着椰林发出的悦耳的沙沙声。克莱尔非常熟悉老师的脾气，洛克严谨的治学精神和工作态度曾使她在今后的人生道路上受益匪浅。她几次陪老师到一些小岛和野外去漫游，洛克的记忆力让她大吃一惊：他居然还清楚地记得40年前来采集植物标本的详细位置。

晚年寄人篱下、四处漂泊的洛克在50年代初有幸遇到一位知音——意大利东方研究所所长图齐博士。早在20世纪20年代，图齐就独自冒险到西藏做学术研究，他甚至穿越了藏北的无人区，到了离拉萨两千多公里以外的古格王国遗址。图齐的《西藏考古》一书，在30年代就出版了。50年代，图齐已是世界上公认的藏学研究泰斗，罗马东方研究所也成为东方学研究的权威机构。洛克晚年的学术生涯，与这位东方学家的极力推崇密不可分。在图齐的帮助下，洛克研究纳西宗教的经典著作《纳西族的纳加崇拜及其有关仪式》于1952年在他主编的"罗马东方丛书"中出版。从此，洛克在欧洲人类学界声誉鹊起，不断地发表了具有影响力的学术论著：《中国西南纳西族的"日美"丧仪》（《人类学研究》第9卷，维也纳，1955）；《纳西人"达努（武士祭）"葬礼仪式与纳西武器的起源之特殊关系》（《人类》第55卷，瑞士费端堡，1955）；《阿尼玛卿山脉及其邻近地区》（"罗马东方丛书"第12辑，罗马东方艺术研究所，1956）；《西藏——中国边疆地带原始宗教的作用》(《人类》第54卷，瑞士费端堡，1959）。图齐在1952年就高度评价了洛克的研究成果："近来工业社会的发展打破了传统文化，而纳西族带有浓厚原始宗教色彩的东巴教即将面临消亡，这一现实更是增强了洛克博士所从事研究的重要性，这种宗教到目前为止还鲜为人知，它基本上属于古老的苯教范畴，……洛克博士长期生活在纳西部落，收集、翻译、整理了无数的手写经书,从师于富有学识的'东巴'(纳西巫师),他对纳西人以及他们的历史、宗教、风俗等作了大量的调查而贡献卓著，'罗马东方丛书'在这个领域的专著非他莫属。"

卖书为出书

1956年，洛克把他数万册私人珍藏的图书以25000美元的价格卖给了位于美国西海岸的华盛顿大学远东和俄国研究所，华盛顿大学聘请洛克为终身荣誉副研究员，还为他提供了一间办公室和部分资金，让洛克能安心地完成《纳西语—英语百科辞典》的编著工作。洛克对纳西文化研究不惜一切代价，倾注其毕生的心血和情感，让图齐这样的著名学者也深深为之感动。图齐说:"洛克博士使我强烈地感受到一个科学家的诚恳之心。他的慷慨支持也是一个不可磨灭的证明,在与我们研究所的接触中,他多次捐献了他的收藏品。他树立了一个德才兼备的榜样,只是在当今的世界,这样的人太少有了。无私的奉献表明了他是一个真正的学者和科学家。"为了替洛克筹集经费,图齐博士到处联系,在不得已的情况下把研究所中收藏的最有价值的六百多本东巴经卖出。

六百多本经书卖出的过程,也令最不容易动情的洛克大大感动了一次。德国战败后重建的20世纪50年代,生活仍然相当艰难,城市居民每天仅配给几个玉米饼充饥。图齐所长的好友、德国科学协会代表、德意志联邦共和国国家图书馆负责人W.弗格特博士,听到东方研究所要卖出这些属于"极品"的经书时,回到了他的家乡,德国一个小城马尔堡,在小小的市政厅,全镇的居民在听了弗格特博士的演说后,都自愿捐资,从意大利把这批东巴经书买回来收藏在新落成的德国国家图书馆。这件事惊动了当时的西德总理阿登纳,他闻讯拨了一笔政府基金资助马尔堡镇。在洛克的联系下,用这笔钱的一部分,马尔堡博物馆又从美国和法国购入了四百多本东巴经精品的复制件。

受到马尔堡的邀请，洛克两次到马尔堡对这些东巴经书进行编目和研究。不幸的是，在马尔堡既找不到一个藏学方面的专家，也找不到一个汉学家来协助洛克工作。后来在德国科隆大学任教、当时刚毕业不久、研究梵文的雅纳特博士有幸成为洛克的助手。但跟随洛克工作才四个月，洛克就撒手人寰，雅纳特从此继承了洛克未完成的编目工作，完成了五卷《德国所藏东方手稿——纳西经书目录》的编目工作。洛克在1962年9月完成《纳西经书目录》后写道："雅纳特是为数不多的对东巴经书感兴趣的人，并在各方面帮助我编辑了这本目录。"

洛克断断续续停留在中国的27年间，经他的手收集的八千多本东巴经书，分别收藏在美国华盛顿国会图书馆、英国曼彻斯特J.理兰德图书馆、哈佛—燕京研究所、伦敦图书馆印度办公室、荷兰莱顿·瑞杰克斯博物馆、德国马尔堡／莱恩博物馆，有半数以上的东巴经书收藏在世界各国的私人收藏家手中。令人称奇的是，洛克对书和金钱的态度是一样的，二者皆是身外之物，只求曾经拥有，不求天长地久，书与钱皆为研究的目的而得，也皆为研究的兴趣而弃。洛克手头一直随身带着几本堪称孤本的东巴经书，他爱不释手，常常玩味无穷。1962年10月，洛克牙病发作后到瑞士医治，病愈后顺手把几本东巴经书送给多年帮他无偿诊治牙病的朋友杰森医生。

辉煌的晚霞

> 洛克的世界为我们挽住了多少记忆，
> 留下的足迹犹如漂浮彩云。
>
> ——埃兹拉·庞德

1996年，美国《国家地理》杂志副主编迈克·爱德华兹，到丽江专程探询"我们的人在中国"时，对洛克的贡献大加褒扬，"我们这位先生，他不仅属于我们，作为植物学家他属于夏威夷和哈佛；在哈佛他有'史学家'及'辞典编辑'的称誉，然而从更为重要的意义上讲，他属于中国——他深入到了那里；他目睹了那段往事；他战胜了重重困难，用文字和图片把他们记录下来"。

从20世纪30年代后，美国《国家地理》杂志没有再资助过洛克。美国《国家地理》杂志是一个商业性机构，没有回报的投资它是不感兴趣的。这一点，研究洛克的美国专家桑顿女士颇有微词："然而，他花大量金钱去考察并把考察资料整理好向杂志社投稿，却没有得到相应的稿酬，因而不得不把上一次的资料变卖，用所筹得的资金去维持下一次的考察。当他上了年纪，不像过去那样雄心勃勃的时候，只有靠积蓄和变卖旅途中制作的手工艺品来过日子。"

1956年后，除了外出联系出版，洛克基本上寄居在夏威夷友人的家中。他把他的时间分成了两部分，一部分用来完成《纳西语—英语百科辞典》，另一半用来研究夏威夷的植物。五十多年前他的夏威夷土语名字叫"珀哈库"，现在人们仍旧这样称呼他，夏威夷给了他最后的安慰。为了满足这位酷爱神游四方的老人的心愿，路易·马克斯曾陪他去了一次南非。1961年，莱丝特·马克斯又陪他到亚洲，到日本、中国香港、印度周游一圈儿。

虽然已经写了许多有关纳西族的书籍，但除了搞学术研究的学者，没有机会读到他大量的学术著作，也对庞大的纳西文化的系统感到难以理解。要使纳西族的文化通俗化一些，让普通老百姓也能了解这种存在的文化，他为此在1962年写了一本《纳西族的文化与生活》。此书于他逝世后的1963年才在瑞士出版，这是洛克最后的绝笔之作。他还请一位奥地利的科学家安第德，用新技术对一些认为是最古老的东巴经书进行了测试，用科学的方法确定了这些经书的年代，细细审阅了安第德得出的实验结果，得出了这些经书确实流传年代久远的结论。

50年代，当洛克在夏威夷病重住院时，感到了死神在向他召唤，此时的他十分思念丽江的山山水水和纳西朋友，他在给友人的信中写道："如果一切顺利的话，我会重返丽江完成我的著作……我宁愿死在那里风景优美的山上也不愿孤独地待在四面白壁的病房等待上帝的召唤。"

洛克还不想死，晚年的他常常感叹时日无多，他编著的《纳西语—英语百科辞典》一书还未完成，纳西文化的许多谜团尚未解开，所有这些都让洛克割舍不下。1962年6月，《纳西语—英语百科辞典》已完成校订，但排版还要耗费些工夫。图齐博士亲自为此书作了序。

1962年，78岁的洛克到德国完成大部分在德国的东巴经书编目后，又到意大利校完《纳西语—英语百科辞典》的最后一稿，10月洛克回到夏威夷。1962年12月5日，洛克的心脏病突然发作,在书房的安乐椅上去世,终年79岁,他的身边摆满了象形文经书。令人感到遗憾的是,洛克最终没有能实现他生前最后的愿望:在1963年1月13日八十大寿时看到印刷出版的、倾注了他毕生心血的得意之作《纳西语—英语百科辞典》。

图齐博士在此书的《后记》中写道:"当他的这本著作还在付印中时,洛克博士不幸去世的消息传来。他的过早逝去,令东方学的学者和学生们,以及他在世界上众多的朋友们感到痛惜。洛克博士在这本繁重而复杂著作的修订和校对工作中,体现出极端认真的负责和耐心。这一本他最后完成的著作,是他留给人世间最美好的礼物。"

洛克悄悄地走了,临行时,他留给了后人一把开启纳西族东巴文化研究的钥匙,这把钥匙就是他1932年到1962年花了30年时间才完成定稿的《纳西语—英语百科辞典》。这本巨著现已为大多数纳西族和国内的研究者所知,由于没有中译本,对此书的内容和精华所在,大多数人并不是很了解。这部巨著分为上、下两卷,由罗马东方艺术研究所出版,是著名的"罗马东方丛书"之一,上卷511页,1963年出版,下卷582页,

1972年出版。它不仅是一本纳西语象形字和音形字的英语辞典，而且是一部以简明扼要的形式介绍东巴文化的"百科全书"。辞典的第一卷中有3134个条目，对每个象形字或标音字有详细解释，每个词条来源于哪本经书都有根据。第二卷则是对东巴教神灵的解释和各类仪式的说明，从每个词条可查出它在哪本经书中的何处，每种仪式所涉及的东巴经的简短摘要。

为什么洛克不将此书取名为《东巴文—英语百科辞典》呢？著名学者方国瑜在一篇论文中的一段话也许是最好的诠释："文字是在人们的社会实践中产生，并为社会实践服务的。纳西象形文字虽与东巴教有关系，但应是先有文字，后为东巴教所利用。文字的创始和运用，当在萨勒（东巴教祖师）之前，到他时运用已广，并得到发展，所以，不能称东巴文，而应称纳西文。"

《纳西语—英语百科辞典》揭示了纳西象形字符的起源时间，探讨了东巴经书、象形字和哥巴文的相互关系，揭示了东巴经宗教内涵中的珍贵价值，披露了纳西祖先们的基本生活。洛克详细说明了东巴字有着无穷无尽的组合，没有一定规则，不同的东巴解释的随意性很大。造诣深的东巴20世纪40年代就难寻了,因此洛克从 1922 年就着手收集的原始记录今天已不可能再现,所以在研究上具有无可替代的历史价值。著名的汉藏学家图齐教授,认为这部百科辞典不仅在研究汉藏文化上具有巨大的价值,也是任何一个研究东方学学者的必读著作。他这样评价了洛克和此书:"在我们的这个时代,在这个领域还没有哪个学者被冠以专家的头衔,也没有哪一个能与洛克博士相提并论。他在纳西文化研究上有着不容分辩的权威性,在纳西语言和文字方面的知识也无人能与其匹敌。我们真挚地感激他在纳西部落中收集了众多精美的象形文经书,这对研究纳西历史、神话及宗教有着不可估量的价值。"从 20 世纪 20 年代开始至今,已经过了八十多年,国内外学者已发表了大量的文章和著作,但局限于历史条件和背景,其深度、研究的角度和产生的影响,都难与洛克所做研究相提并论。德国学者克劳斯·雅纳特对洛克的评价是:"没有他在这个领域的研究和著作,绝不会有今天纳西学的存在。"

洛克去世后,一位在植物园工作的研究人员桑顿女士,花了近十年时间,把洛克的部分经历写成了《洛克在中国的西南边疆》,从此后越来越多的中外学者沿着洛克的足迹,来到彩云之南探访古老的纳西王国。人们感兴趣的不仅是洛克丰硕的

夏威夷岛上洛克之墓　李近春摄

研究成果，令他们更为神往的是洛克充满传奇色彩的一生和中国西南这片神奇的土地。洛克的故事永远不会被人们忘却，在纳西人的眼中，飘若浮云般的游子洛克仿佛重新又回到了他的丽江，回到了他的精神家园，白皑皑的雪山是他的魂灵之所。

洛克生前曾不止一次地想过将遗骨埋在丽江玉龙雪山下，但他去世时这个愿望却难以实现，夏威夷成了他人生的最后归宿。马克斯女士按照洛克的遗愿，将他葬在夏威夷港湾旁的马克斯家族墓地，青灰色的墓碑只有简单的三行字：

约瑟夫·洛克博士

植物学家　探险家

1884—1962

附录 1　约瑟夫·洛克生平年表

1884 年　1 月 13 日出生于奥地利维也纳一个仆人的家庭。
1890 年　母亲去世。
1897 年　开始自学汉语。
1902 年　中学毕业，漫游于欧洲和北非各地。
1905 年　乘船前往美国纽约。
1906 年　漂泊在北美及加勒比海等地。
1907 年　为养病前往夏威夷，在米勒斯中学等三所学校教授拉丁文和自然史。
1908 年　辞去学校教职，在夏威夷森林与国土部门得到一份植物采集的工作。
1911 年　辞去植物采集员的工作，在夏威夷学院教授植物学。
1913 年　加入美国籍。所著《夏威夷的土生树木》一书出版。
1916 年　得到甘蔗种植协会的资助到菲律宾、新加坡、爪哇等地考察。所著《夏威夷的观赏树木》一书出版。

1917 年　在加利福尼亚做田野工作。

1919 年　被提拔为植物分类学教授，曾到泰国、马来西亚、爪哇等地考察。

1920 年　辞去夏威夷学院教职，为美国农业部到泰国、缅甸、老挝寻找大风子树。

1921 年　回维也纳探亲。11 月回到曼谷，准备到中国寻找抗病毒的栗子树种。

1922 年　2 月 11 日从缅甸进入中国云南，5 月 11 日抵丽江，为美国农业部采集植物标本。

1923 年　得到美国《国家地理》杂志的资助，率云南探险队以丽江为基地，在三江并流区域和云南其他地区探险。

1924 年　1 月中旬第一次探访木里和泸沽湖。3 月离开丽江回美国。7 月加盟哈佛植物园。11 月抵达昆明。12 月 13 日出发到阿尼玛卿山。

1925 年　2 月 25 日抵成都，4 月 21 日抵甘肃卓尼。随后到岷山、西宁、青海湖等地，年底返回卓尼。

1926 年　4 月 29 日出发到阿尼玛卿山，7 月底返回拉卜楞寺，8 月初回到卓尼。

1927 年　3 月 10 日从卓尼出发，经松潘、成都、重庆、上海、香港到昆明。7 月带两个纳西助手到美国接受《国家地理》杂志社的培训，11 月 20 日回到昆明。

1928 年　3 月 22 日离开昆明，5 月 26 日抵木里，两次探访贡嘎岭后回到丽江。

1929 年　3 月初再次经木里探访四川康定的贡嘎山。10 月 13 日在阿云山总管的帮助下渡过金沙江。

1930 年　1 月 13 日离开丽江回国。5 月到得克萨斯接受贝勒大学授予的荣誉博士学位。6 月离开得克萨斯经夏威夷回到昆明。

1931 年　1 月与埃德加·斯诺离开昆明西行。2 月 13 日抵大理。3 月探访丽江附近地区的东巴教圣地白地及哈巴雪山。12 月到泸沽湖。

1932 年　2 月从永宁到丽江，之后又到昆明、上海、北京、香港等地搜集有关地理的志书和史料。12 月回到昆明。

1933 年　在昆明完成部分东巴经书的翻译工作。10 月 19 日离开昆明经越南回欧洲，12 月 8 日抵意大利。

1934 年　1 月 9 日离开维也纳前往巴黎，经伦敦到美国的纽约、旧金山等地。6 月回到昆明。

1936 年　2 月 3 日私人租飞机从昆明到丽江和长江上游航拍。8 月到北京、南京、成都等地购买图书，随后回到昆明。

1937 年　2 月与和志辉到河内和西贡。5 月到北京和上海联系论著的出版。6 月回到昆明。

1938 年　5 月从昆明经河内、曼谷乘飞机前往德国柏林，8 月底回到昆明。10 月到夏威夷。年底与纳西随从一起到越南大叻避难。

1939 年	在越南潜心研究纳西文化。
1940 年	7月从越南经马尼拉到夏威夷，然后又回到昆明和丽江定居。
1942 年	夏天到泸沽湖躲避战火。
1944 年	乘飞机经印度、巴西回美国华盛顿为国防部地图署工作。研究纳西文化的大部分资料随货轮回美国，但被日军击沉在阿拉伯海。
1946 年	重返丽江继续收集、整理和研究东巴经书。
1947 年	《中国西南的古纳西王国》由哈佛大学出版社出版。
1948 年	2月因病离开丽江到欧洲和美国接受治疗。
1949 年	8月离开丽江，经昆明到香港和印度的喀里木蓬。
1951 年	从印度到夏威夷定居。之后奔波于欧美各国整理出版学术论著。
1952 年	《纳西族的纳加崇拜及其有关仪式》在意大利出版。
1956 年	将部分东巴经书出售给西雅图的华盛顿大学，"罗马东方丛书"之一的《阿尼玛卿山脉及其邻近地区》出版。
1962 年	12月5日在夏威夷去世，毕生研究的经典著作《纳西语—英语百科辞典》上卷次年在意大利出版。

附录2 约瑟夫·洛克主要文章与著作目录

1.《纳西人中的驱病魔仪式》,《国家地理》第XLVI卷,华盛顿,1924。

2.《赫拉(祭风)仪式——纳西巫师施行消灭灵魂之法术》,《中国西部边疆研究月刊》第8卷,成都,1936。

3.《纳西人占卜书"左拉"(Tso-la)的来历》,《中国西部边疆研究学会月刊》第8卷,成都,1936。

4.《东巴什罗——纳西萨满教主的诞生和起源》,《亚洲艺术》第17卷,莱比锡,1937。

5.《美国地理学会所藏的尼科尔斯收集的麽些象形文原稿》,《地理周刊》第27卷,纽约,1937。

6.《纳西文献研究》第一部:《东巴什罗的诞生和起源》;第二部:《纳西族的"赫日皮"仪式》,《法国远东大学学报》第37期,河内,1937。

7.《纳西族文献中的洪水故事》,《法国远东大学学报》第

37期,1937。

8.《日喜部落及其他们的宗教文献》,《文物丛刊》,北京,1938。

9.《卡美久命金的爱情故事》,《法国远东大学学报》第39期,河内,1939。

10.《中国西南的古纳西王国》英文版,坎布里奇,哈佛大学出版社,1947。中文版,昆明,云南美术出版社,1999。

11.《麦别仪式——纳西人进行的祭天活动》,《文物丛刊》第13卷,北京,1948。

12.《纳西族的纳加崇拜及其有关仪式》,罗马,罗马东方艺术研究所,1952。

13.《纳西人"达努(武士祭)"葬礼仪式与纳西武器的起源之特殊关系》,《人类》第55卷,瑞士费端堡,1955。

14.《中国西南纳西族的"日美"丧仪》,《人类学研究》第9卷,维也纳,1955。

15.《阿尼玛卿山脉及其邻近地区》,"罗马东方丛书"第12辑,罗马,罗马东方艺术研究所,1956。

16.《纳西族的文化与生活》,德国,威斯巴登出版社,1963。

17.《纳西语—英语百科辞典》,罗马,罗马东方艺术研究所,上卷,1963;下卷,1972。

后记

写作此书的起因，现在回顾起来感到既非常偶然也很必然。同洛克的世纪缘，注定了这本专门介绍洛克一生的小册子在世纪之交时得以面世。

在和万宝和郭大烈先生的支持下，早在1988年，作者之一的和匠宇，就开始用计算机进行纳西族东巴象形字的处理和分类研究。曾经在学术方面鼎力支持过洛克和出版了洛克代表作《纳西语—英语百科辞典》的意大利罗马东方研究所，对此很关注。创建东方研究所的著名藏学家图齐所长于1984年去世，接任他是他的得意门生辽里先生。十多年来，辽里所长一直给予我们兄弟二人许多的鼓励和支持，这也是锓宇选择当时在国内刚刚恢复的人类学为专业的一个主要因素。洛克的众多文章和著作，使我们

注：此为2000年版后记

对人类学和纳西文化产生了浓厚的兴趣。虽然我们工作后没有机会直接在国内的有关研究机构工作，但对纳西文化的热爱和对洛克所做工作的敬仰，促使我们不由自主地从事纳西文化的研究，与国外的交流也一直没有间断过。

两次去意大利做短期学术访问时，辽里所长、考古专家查拉博士，以及彼鲁杰大学研究喜马拉雅山地萨满教的罗曼洛教授，希望已出版多年的《纳西语—英语百科辞典》的中译本能早日在中国出版。虽然洛克的大量著作在西方学术界久负盛名，但这本耗费了洛克毕生心血的巨著没有中文译本，不能不说是一个遗憾。我们兄弟从那时就着手这本百科全书和其他一些洛克主要著作的翻译，但出版的巨额费用是许多出版社不敢问津的。1998年夏，云南教育出版社的何学惠社长听说此事后当即拍板，决定尽快出版《纳西语—英语百科辞典》一书。刚好辽里所长和意大利驻华大使保罗先生到西安检查中、意古文物修复合作项目的执行情况，百忙之中的何社长抽出时间，与和匠宇一道去炎炎夏日下的西安考古工地办理了版权的有关手续。当时我并不知道，云南教育出版社还在策划出版"中外文化名人与云南"这套丛书。1999年春天，主编之一的汤世杰老师约我们写丛书中关于洛克的一本，对我们来说是一个难得的好机会，洛克的探险经历和一些与学术无关的鲜为人知的故事，可以在这样一本书中披露。

后记

美国《国家地理》杂志创刊已一百多年,能同时成为杂志的摄影师和撰稿人的人至今寥寥无几,洛克就是其中之一。在20世纪初,探险活动成为体现一个人所具有的全面潜能的代名词,探险英雄也成为社会所崇拜的偶像。直至今日,对这些早期探险家的崇拜,使得现代社会追寻他们旧日足迹的活动逐渐热闹起来,并冠以"探险旅游"或"生态旅游"的时髦名词。约瑟夫·洛克就是那个时代的传奇性人物。在他的探险活动过去了八十年后,在欧洲和美国,对洛克崇拜的热潮依然经久不衰。为此,美国《国家地理》杂志专门为洛克建立了一个三十多平方米的展室。时光流逝,在云南洛克探险过的很多地方,自然生态环境仍同20世纪20年代以前一样,生活在怒江、澜沧江、长江上游的一些少数民族,生活方式与生活环境同洛克当时所见变化不大,这也是许多崇尚回归自然的西方人愿意来云南重温洛克旧梦的原因吧。从这一点上来说,洛克用他的知名度让世界了解了中国西部。

描写洛克时,我们尽量真实地再现他复杂的内心世界。好在利用多年来在欧美访问的机会,收集了不少洛克的日记、已出版的文章和所有著作。特别是在1993年,法国电视台要拍一部洛克的传记片《南天下的马帮》,邀请我写作脚本提纲。由于种种原因,这个片子直到2000年6月才能开拍,但多年准备的一些材料正好能在此书中用上。鉴于篇幅和本书题材所限,洛克在四川、甘肃、青海的活动，只能在此书中略去或简要地带过。

洛克是一个多面性的传奇人物，他在所涉及的各个领域都成为倍受推崇的偶像。而某一个领域的专家们并不知道他在另外的领域还有着非凡的才能和显赫的研究成果。

在中国，人们知道他是著名的人类学家。现在成为国际研究热门的纳西族东巴文化，就是他发掘和奠定了它在学术界的地位。全世界散落的近万册象形文字书写的东巴经书，大多是他收集传播出去的。作为一个植物学家，20年代探险之前他发表的植物学方面的五十多篇文章就奠定了他在植物学界的权威地位，也就使得哈佛大学、美国国家地理学会和美国农业部这样一些权威机构愿意为他支付探险所需的巨额经费。

作为探险家和地理学家，他在美国《国家地理》杂志发表的十多篇游记和精美的照片，使他成为当时家喻户晓的传奇英雄人物。人类学家把这些第一手资料视为至宝，小说家也将它们作为创作的题材。他早期绘制的地图，现在还有着巨大的使用价值。

洛克和我们的渊源似乎还没有完结，洛克的同时代人、原夏威夷植物园园长、曾为洛克遗嘱执行人的鲍尔·威思赫先生，听说我们在写洛克在中国的经历，这位年逾古稀的老人多次来信，特地把他1963年写的洛克生平简介寄来，希望洛克所热爱的纳西人能够知道他鲜为人知的故事。原夏威夷博物馆的馆长阿尔文先生也给我讲述了洛克同马克斯家族的往来和友谊。美国《国家地理》杂志电视题材开发部的玛丽安女士提供了一些线索和联系人，使我们能通过电子邮件很快取得所需的资料。在此书完成时，谨对他们无私的帮助表示衷心的谢意。

此书中所用的照片除署名者外，皆为洛克所摄。

文学题材的写作对我们来说是一个尝试。前辈汤世杰老师、冯永祺老师在此书的写作中提出了许多建设性的指导意见，在此致谢。

作者　2000年2月